Secretos ancestrales de

"*Secretos ancestrales de manifestación* ofrece una visión renovadora sobre la manifestación, combinando el trabajo energético con prácticas cognitivas para transmutar las emociones negativas y liberar las creencias limitantes. Este libro es una lectura obligada para cualquiera que quiera ir más allá de las herramientas básicas de manifestación y colaborar con el Universo para manifestar su vida y su propósito".

—GALA DARLING, autora de *Magnetic Mindset* y *Radical Self-Love*

"Una fusión única de la antigua sabiduría griega y egipcia con técnicas prácticas de manifestación, *Secretos ancestrales de manifestación* ofrece un camino claro para descubrir y alinearte con tu propósito superior".

—SHERIANNA BOYLE, *coach* de vida, sanadora energética y autora de *Just Ask Spirit*

"*Secretos ancestrales de manifestación* desafía las enseñanzas comunes sobre la manifestación al revelar que no todos los deseos están destinados a manifestarse. En su lugar, George Lizos guía a los lectores a descubrir cuáles deseos se alinean con su propósito superior y las leyes universales, asegurando un viaje de manifestación más satisfactorio e intencional. Este libro cambia las reglas del juego para aquellos que buscan alinear sus deseos con su propósito superior".

—AMY LEIGH MERCREE, médica intuitiva, sanadora y autora de *Aura Alchemy* y *El pequeño libro de los chakras*

"George Lizos hace un excelente trabajo simplificando las 7 leyes herméticas del Universo en *El Kybalíon* y creando un sistema práctico para trabajar con ellas para manifestar los deseos y propósitos de tu alma. El reto de manifestación de 10 días hace que sea aún más fácil lanzarse y empezar a trabajar con las leyes para crear cambios positivos".

—TAMMY MASTROBERTE, autora de *The Universe is Talking to You*

"En la era de las redes sociales, la verdadera esencia de las cosas se pierde a menudo detrás de filtros y otras capas de distorsión. George Lizos aplica el raro talento de llegar a la esencia de algo, a su núcleo. Como diría un querido profesor mío de actuación: 'Es lo que hay debajo de lo que hay debajo de lo que hay'. Es así como George habla directamente a sus lectores, como si conversara con un amigo de confianza o un guía espiritual, dándonos las herramientas necesarias para trabajar con nuestro propio campo energético y magnetizar conscientemente nuestros deseos y propósitos más elevados".

—**JY PRISHKULNIK, actriz conocida por** *Monster High: The Movie* **(2022) y** *Just Beyond* **(2021)**

"George Lizos combina su experiencia en trabajo energético con las leyes de manifestación para crear un sistema innovador para manifestar tus deseos. Su enfoque integra sabiduría ancestral, métodos para trabajar con el universo y técnicas prácticas, haciéndolo sencillo, accesible y eficaz para todos los buscadores espirituales. George tiene una manera de llevarlo todo aún más a la vida y hacerlo agradable para el lector/buscador".

—**ALI LEVINE, estilista de celebridades,** *coach* **de respiración certificado e intuitivo de ángeles**

"Basándose en las enseñanzas ancestrales griegas y egipcias, George Lizos desmonta el mito común de que los pensamientos negativos manifiestan tu realidad y proporciona poderosas técnicas para transmutar dichas emociones negativas en energía manifestadora".

—**SUZY ASHWORTH, autora de** *Infinite Receiving,* **superventas del** *Sunday Times*

SECRETOS *Ancestrales de* MANIFESTACIÓN

Trabaja con las
Siete Leyes del Universo para
manifestar la vida que quieres

George Lizos
Traducción por Adrián Pliego

Inner Traditions en Español
Rochester, Vermont

Inner Traditions en Español
One Park Street. Rochester, Vermont 05767
www.InnerTraditions.com

Inner Traditions en Español es un sello de Inner Traditions International

Copyright © 2024 George Lizos
Traducción © 2025 Inner Traditions International

Título original: *Ancient Manisfestation Secrets: Working with the 7 Laws of the Universe to Manisfest Your Life and Purpose* publicado por Findhorn Press, un sello de Inner Traditions International.

Todos los derechos reservados. Ninguna parte de este libro podrá ser reproducida o utilizada de ninguna forma ni por ningún medio electrónico o mecánico, incluyendo fotocopiado, grabaciones o por cualquier sistema de almacenamiento y recuperación de información, sin permiso por escrito del editor. Ninguna parte de este libro puede ser utilizada o reproducida para entrenar tecnologías o sistemas de inteligencia artificial.

Exclusión de responsabilidad
La información contenida en este libro se ofrece de buena fe y su carácter es meramente informativo. Ni el autor ni el editor podrán considerarse responsables por ninguna persona de cualquier pérdida o daño que pueda surgir por el uso de este libro o por cualquier información contenida en el mismo.

ISBN 979-8-88850-291-4 (impreso)
ISBN 979-8-88850-292-1 (libro electrónico)

Impreso y encuadernado en China por Reliance Printing Co., Ltd.

10 9 8 7 6 5 4 3 2 1

Diseño y diagramación de Yasko Takahashi. Ilustraciones: Yasko Takahashi p. 78; ID 143611403 © Artinspiring | Dreamstime.com p. 89.
Maquetación en español por Michele Guilarte.
Este libro fue diseñado con las fuentes Caslon, Plantin, Zahrah y Allura como tipografía de exhibición.

Para enviar correspondencia al autor de este libro, envíe una carta a Inner Traditions • Bear & Company, One Park Street, Rochester, VT 05767, USA, y nosotros le reenviaremos la comunicación, o póngase en contacto con el autor directamente a través de **www.georgelizos.com**.

Para mi mejor amigo, Sargis

Gracias por ser mi cómplice en
mis aventuras espirituales

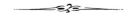

ÍNDICE

Prólogo por *Emma Mumford* 11

Introducción 15

PRIMERA PARTE
LAS SIETE LEYES DEL UNIVERSO

Capítulo 1: El Universo 23
Capítulo 2: Ley del Mentalismo 27
Capítulo 3: Ley de la Correspondencia 31
Capítulo 4: Ley de la Vibración 36
Capítulo 5: Ley de la Polaridad 40
Capítulo 6: Ley del Ritmo 43
Capítulo 7: Ley de Causa y Efecto 47
Capítulo 8: Ley de Género 54

SEGUNDA PARTE
VIVIR LAS LEYES

Capítulo 9: Proceso de manifestación de cinco pasos 63

Paso 1: Eleva tu vibración
    Capítulo 10: Tu práctica diaria de felicidad 70
    Capítulo 11: Optimiza tu estilo de vida de alta vibración 77
    Capítulo 12: Transmuta las emociones negativas 86
    Capítulo 13: Neutraliza las emociones negativas 92
    Capítulo 14: Amplifica las emociones positivas 98

Paso 2: Aclara tus deseos
    Capítulo 15: Encuentra tu propósito y escoge
    deseos alineados 104

Paso 3: Libera tus creencias limitantes
    Capítulo 16: Identifica tus creencias limitantes 114
    Capítulo 17: Libera cognitivamente tus creencias limitantes 117
    Capítulo 18: Libera energéticamente tus creencias limitantes 121
    Capítulo 19: Actualiza el cambio 126
    Capítulo 20: Genera nuevas creencias de apoyo 129

Paso 4: Nutre la energía de tus deseos
    Capítulo 21: Planta tus deseos en tu campo de energía 136
    Capítulo 22: Eleva la vibración de tus deseos 141
    Capítulo 23: Conecta con personas útiles 144

Capítulo 24: Recibe ayuda de los seres elementales
y espirituales.. 148
Capítulo 25: Nutre a diario la energía de tus deseos 156

Paso 5: Toma acciones inspiradas

Capítulo 26: Toma acciones inspiradas 162
Capítulo 27: Activa tu energía femenina................................... 166
Capítulo 28: Proceso para recibir guía inspirada....................... 171
Capítulo 29: Activa tu energía masculina.................................. 176
Capítulo 30: Equilibra las energías masculina y femenina........... 180

TERCERA PARTE
DESAFÍO DE MANIFESTACIÓN DE DIEZ DÍAS

Día 1: Elige tu deseo 188
Día 2: Identifica tus miedos y creencias limitantes 190
Día 3: Libera cognitivamente tus creencias limitantes básicas 191
Día 4: Libera energéticamente tus creencias limitantes básicas ... 192
Día 5: Crea nuevas creencias de apoyo...................................... 193
Día 6: Planta tu deseo en tu campo de energía........................... 194
Día 7: Eleva la frecuencia de tu deseo....................................... 195
Día 8: Invita a personas que te apoyen...................................... 196
Día 9: Invita a tus guías espirituales a que te apoyen.................. 197
Día 10: Crea un plan de acción equilibrado 198
Repaso del desafío de manifestación.. 199

Conclusión 200

Agradecimientos 205

Sobre el autor 206

PRÓLOGO

Tras haber conocido a George Lizos tanto en el ámbito profesional como personal durante más de seis años, me sentí honrada y halagada de que se me pidiera escribir el prólogo de su primer libro de manifestación, *Secretos ancestrales de manifestación*. Tras haber utilizado las herramientas innovadoras de George y su punto de vista sobre la sabiduría ancestral de los griegos y egipcios, supe que este iba a ser un libro extraordinario que ofrecería a los lectores una visión poderosa de lo que es posible lograr a través de la manifestación.

El interés por la manifestación y la ley de la atracción se ha disparado en los últimos años. Aunque estos términos parecen ser meras palabras de moda, los principios y leyes que los sustentan han existido durante milenios y, por supuesto, nos llamaron más la atención a través de libros tan maravillosos como *Piense y hágase rico* (1937), de Napoleón Hill, y *El secreto* (2006), de Rhonda Byrne. Cuando en 2016 desperté espiritualmente y aprendí sobre el poder de manifestar, comprendí que estos textos clásicos eran una introducción fantástica. Sin embargo, pronto me encontré con bloqueos, trabajo interior y frustración cuando mis mayores deseos no fluían tan rápido como esperaba. Esto me desafió a profundizar en mi propio trabajo y práctica de manifestación y a desarrollar herramientas prácticas y energéticas para hacer inevitable la manifestación de nuestros deseos.

Durante este período de inmersión profunda en modalidades más espirituales y energéticas, descubrí que la alineación y nuestro propio proceso de sanación son vitales cuando se trata de manifestar, y que manifestar es tan solo un proceso de alineación. También aprendí sobre las Siete Leyes Energéticas del Universo y cómo estas impactan directamente en nuestras manifestaciones.

PRÓLOGO

De repente, muchas cosas empezaron a tener sentido en mi vida y en mi trabajo, ya que me di cuenta de que, colectivamente, encasillamos la Ley de la Atracción como el "ser todo y acabar con todo", cuando en realidad hay otras leyes clave en juego todos los días. ¿Cómo podemos manifestar con éxito nuestros deseos más profundos alineados si solo nos enfocamos en una de las Siete Leyes?

Hoy en día, mi práctica de manifestación ha evolucionado significativamente. Las Siete Leyes Energéticas del Universo, de *El Kybalión*, desempeñan un papel clave en mi trabajo y proceso, y me alegra mucho que George esté llevando esto a la vanguardia de la humanidad con tan poderoso libro. Esta información cambiará tu vida y te permitirá ver lo que verdaderamente es posible cuando trabajamos en sintonía con las leyes del Universo. La manifestación se vuelve sin esfuerzo, aprendemos a reconocer nuestros ciclos, nuestro ritmo, y entendemos cuáles son realmente nuestros superpoderes de manifestación.

Existen algunas enseñanzas muy anticuadas en la esfera de la Ley de la Atracción que pueden ser más perjudiciales que beneficiosas, lo que se relaciona con la noción de que atraemos todas las cosas hacia nosotros, tanto las malas como las buenas. Las Siete Leyes Energéticas del Universo nos muestran que hay mucho más en juego: la vida no es solo blanca y negra y podemos trabajar con estas leyes energéticas para comenzar a entender por qué somos creadores tan poderosos, pero también para ver cómo esto es un proceso de cocreación con el Universo.

Lo que me fascina de *Secretos ancestrales de manifestación* es lo accesibles que son estas increíbles herramientas. Durante los últimos dos años he trabajado con los métodos de George, especialmente con "Planta tu deseo en tu campo de energía", "Eleva la vibración de tus deseos" y "Conecta con personas útiles". Estas prácticas llegaron a mi vida en el momento preciso, justo cuando luchaba por romper un metafórico techo de cristal en mi negocio. Había obtenido tantos resultados increíbles a lo largo de los años, pero seguía chocando con este techo de cristal; las modalidades de George me ayudaron no solo a romper este techo, sino que me permitieron romper todas las metas para ese año y más. Ahora, antes de lanzar cualquier proyecto en mi negocio, y especialmente a fin de año, estas meditaciones no son negociables para mí ya que me impulsan justo hacia donde quiero estar. ¡Me emociona tanto ver lo que estas meditaciones y enseñanzas harán por tu vida también!

Hoy marca el comienzo de tu viaje hacia la manifestación energética y me alegra muchísimo que George comparta estas antiguas enseñanzas con el mundo. A menudo, los libros de manifestación pasan por alto la importancia de la mente, el cuerpo y el espíritu en este proceso, y es por eso que el trabajo de George se alinea de una manera tan perfecta: apunta al meollo de la manifestación contigo ayudándote a atraer poderosamente tus deseos más profundos.

Este es, sin duda, el libro más completo y accesible sobre estas poderosas enseñanzas ancestrales que he visto hasta la fecha, diseñado para ayudarte a manifestar un ENORME nivel en tu vida y con tu propósito. Todo fue creado con mucho cuidado pensando en ti, lector, y es un placer experimentarlo. Recomiendo encarecidamente esta guía esencial para manifestar tus sueños más salvajes con el poder de tu campo de energía.

~ **Emma Mumford**, autora de los libros superventas
Positively Wealthy y *Hurt, Healing, Healed*

INTRODUCCIÓN

La Ley de la Atracción **no** es la ley más poderosa del Universo. Lo dije. ¿Te molesta esta afirmación? A mucha gente le molestaría. La cultura espiritual se ha obsesionado tanto con la Ley de la Atracción, casi convirtiéndola en un culto, que cualquiera que intente ponerla en tela de juicio o cuestionarla de alguna manera es descartado de inmediato.

Ahora bien, no me malinterpretes. No dudo de la existencia de la Ley de la Atracción y su importancia en la manifestación. En su lugar, me gustaría presentar una forma más matizada de entenderla y trabajar con ella, una que también tenga en cuenta las otras leyes del Universo.

Como probablemente habrás escuchado, la Ley de la Atracción se conoce y se practica desde la antigüedad. Las prácticas de manifestación permanecían ocultas a las masas, reservadas solo para los adeptos espirituales y una élite que operaba en grupos secretos y escuelas de misterios. La información se transmitía de maestro a alumno, y solo a aquellos que se consideraban dignos de ella.

Cuando el conocimiento de la Ley de la Atracción llegó a las masas, a principios de la década de 2000, impulsó un movimiento de autoempoderamiento. Miles de personas se dieron cuenta de que tenían el poder de crear su propia realidad. Las antiguas prácticas de manifestación, enterradas durante años, circulaban libremente y a todos nos entusiasmaba experimentarlas. Así, visualizamos, verbalizamos e hicimos afirmaciones positivas. Creamos cajas de manifestación, pusimos *vision boards* (tableros de visión) y nos comprometimos a creer hasta que lo lográramos.

¿El resultado? Mucha gente lo logró, pero mucha gente no...

INTRODUCCIÓN

Esto generó frustración en muchos, incluyéndome a mí:

¿Qué estoy haciendo mal?

¿Cuánto tiempo tengo que esperar para que funcione?

¿No estoy visualizando lo suficiente?

Tal vez esté usando las imágenes incorrectas en mi *vision board*.

¿Y si la Ley de la Atracción no existe en realidad?

¿Has tenido alguno de estos pensamientos antes? Sé que sí. Porque al igual que tú, yo me subí al carro de la Ley de la Atracción tan pronto en cuanto supe de ella. Practiqué los procesos con devoción, confiando en que iban a transformar mi vida. Pero cuando no funcionaron de la manera que esperaba, me decepcioné. Sin embargo, en lugar de renunciar a ellos, decidí investigar más a fondo.

Y me obsesioné. Leí todos los libros de manifestación que pude encontrar y estudié con los mejores maestros de la industria, asistí a charlas, hice talleres y participé con mentes maestras. Sin embargo, todos enseñaban más o menos lo mismo y no era suficiente; mis preguntas no fueron respondidas y mis resultados siguieron siendo los mismos.

Sí, estaba empleando con éxito la Ley de la Atracción para manifestar mucho de lo que deseaba, pero no siempre fue así. Además, no siempre estaba manifestando los deseos correctos para mi mayor bien, propósito o potencial. Tuve la corazonada de que me estaba perdiendo de algo, algo que estos libros y autores habían estado pasando por alto o ignorando, así que decidí ir directo a la fuente: los antiguos, específicamente, los antiguos griegos y egipcios, quienes habían enseñado sobre la manifestación.

Y resulta que los antiguos lo supieron todo el tiempo. Las respuestas estaban todas allí, en sus textos ancestrales y en sus escuelas filosóficas, cuidadosamente escondidas detrás de extrañas analogías, mitos y metáforas. No fue fácil leer los textos, y mucho menos entenderlos, pero perseveré (¡hablar griego de forma nativa definitivamente ayudó!).

INTRODUCCIÓN

Resulta que la Ley de la Atracción es, de hecho, una ley muy poderosa en el Universo, y una de las principales leyes con las que se debe trabajar la manifestación. Sin embargo, lo que descubrí fue que existen otras leyes igualmente poderosas en el Universo que trabajaban junto con la Ley de la Atracción para ayudarnos a manifestar nuestros deseos y propósitos.

Aprender acerca de estas leyes fue la pieza que me faltaba para dominar mi manifestación. Tan pronto como comencé a practicarlas juntas, mi capacidad de manifestar se disparó. Como resultado de trabajar con todas las leyes, manifesté tres contratos de libros, tripliqué los ingresos de mi negocio, atraje a más estudiantes a mis programas en línea, manifesté relaciones satisfactorias y bastante más.

¡Fue como soltar un suspiro que no sabía que había contenido durante años!

Con estos nuevos conocimientos, cuando un proceso de manifestación no funcionaba, sabía por qué. Cuando no podía manifestar algo, entendía las razones detrás de ello y sabía cómo ajustar mi enfoque. Lo más importante es que estos antiguos secretos de manifestación me dieron una comprensión más amplia y matizada de la manifestación, que me permitió enfocar mi energía en los proyectos y deseos correctos, y en los que se alineaban con mi máximo potencial y propósito.

En este libro, compartiré contigo cómo trabajar con las leyes universales, para manifestar tus deseos y cumplir tus propósitos. Aunque puedas encontrar información acerca de estas Leyes en otros libros, aquí te explicaré cómo se relacionan específicamente con la manifestación y te enseñaré un nuevo proceso de cinco pasos para trabajar con ellas, con la idea de que puedas dominar tu manifestación. Como parte de este proceso, te introduciré prácticas de manifestación energética y meditaciones nunca antes enseñadas, para ayudarte a ponerlas en práctica sin esfuerzo.

No voy a hacerte perder el tiempo con visualizaciones, *vision boards*, secuencias de comandos y otros procesos de manifestación habituales. Ya sabes cómo usarlos y puede que estés cansado de leer sobre ellos; todos estos son procesos poderosos y también los utilizo en mi práctica diaria de manifestación.

INTRODUCCIÓN

En su lugar, quiero empoderarte con nuevas prácticas centradas en la energía, que puedas usar tanto para optimizar tus procesos de manifestación actuales como para enriquecer tu práctica con nuevos procesos.

Te prometo que, al final de este libro, pasarás de sentirte confundido o frustrado acerca de cómo manifestar eficazmente tus deseos, a tener claridad y un marco paso a paso que te permitirá convertirte en el maestro manifestador que estabas destinado a ser.

El Kybalión

La fuente principal detrás de los principios que comparto en este libro es *El Kybalión: Un estudio sobre la filosofía hermética del antiguo Egipto y Grecia*. Publicado originalmente en 1908 por los "Tres iniciados" (a menudo atribuido al pionero del Nuevo Pensamiento, William Walker Atkinson), *El Kybalión* sintetiza los principios fundamentales del hermetismo.

El hermetismo fue una escuela filosófica de pensamiento que surgió en la antigüedad tardía y que tenía como objetivo comunicar, de una manera fácil y práctica, la sabiduría espiritual de la antigua Grecia y Egipto. Los dos textos herméticos que sobrevivieron, *Hermética* y *Corpus Hermeticum*, son en esencia una fusión de las escuelas filosóficas platónica, pitagórica y estoica; además, muchas de las ideas se remontan a inscripciones con 2,500 años de antigüedad en las pirámides egipcias[1].

En la antigüedad, se creía que los textos herméticos eran las enseñanzas directas de Hermes Trismegisto (que significa "tres veces grande"), una figura sincrética del dios griego Hermes y el dios egipcio Thot. Investigaciones posteriores han revelado que la atribución de textos a deidades era una práctica literaria popular en la antigüedad tardía, diseñada para dar mayor autoridad a los textos.

Aunque la edición actual de *El Kybalión* no es un texto antiguo, desmitifica los escritos herméticos y la filosofía. Explica las Siete Leyes del Universo de una

---

[1] Tres Iniciados. *El Kybalión*. España. Editorial Sirio, 2008.

manera fácil y comprensible y ofrece metáforas, ejemplos y prácticas que nos ayudan a aplicar estas enseñanzas en el mundo moderno. El término *kybalion* podría estar relacionado con el címbalo (*kymbalo*, en griego). Este platillo es un antiguo instrumento musical que solía utilizarse en rituales para representar la creación del cosmos mediante siete sonidos sagrados, que simbolizan las Siete Leyes del Universo. El címbalo, que simboliza la fuerza creadora, es también un símbolo popular en las escuelas filosóficas pitagóricas y platónicas.

Cómo leer este libro

El libro está dividido en tres partes para ayudarte a entender y a poner en práctica las Siete Leyes de la Manifestación Universal:

Primera parte- Las Siete Leyes del Universo: Presenta los principios de manifestación del Universo (incluyendo la Ley de la Atracción), cómo trabajan juntos y cómo usarlos en la práctica para manifestar tus deseos y propósito.

Segunda parte- Vivir las leyes: Ofrece una serie de procesos prácticos y meditaciones que te ayudarán a utilizar las leyes universales para la manifestación. Aprenderás mi proceso de manifestación de cinco pasos, basado en las Siete leyes, y cómo usarlo para potenciar tu poder de atracción.

Tercera parte- Desafío de manifestación de diez días: Te guiará a través de un desafío de diez días para manifestar un deseo específico. A partir de las leyes y prácticas compartidas, emprenderás un desafío de manifestación diaria orientado a ayudarte a manifestar ese deseo específico en el transcurso de diez días.

Cada sección y capítulo del libro se basa en el anterior, por lo que es importante que leas el libro de forma secuencial. Aunque algunas prácticas de manifestación se pueden realizar como ejercicios independientes, muchas de ellas se basan en la práctica de un proceso previo o en la comprensión de una o más de las leyes universales.

Como se trata de un libro práctico, te invitaré a menudo a tomar lápiz y papel de escribir. Por ello te recomendaría tener un diario dedicado a este viaje, ya sea en formato electrónico o físico. Mantener todos los procesos en un solo

INTRODUCCIÓN

lugar te ayudará a realizar un seguimiento de tu progreso y revisar las prácticas cuando lo necesites.

Estamos juntos en esto

Me comprometo totalmente a ayudarte a alcanzar tus metas, y quiero estar a tu lado en cada paso del camino. He aquí lo que puedes hacer para ayudarme a apoyarte en este viaje:

1. **Únete a mi comunidad privada de Facebook *Your Spiritual Toolkit*.** Esta es una comunidad segura y solidaria de trabajadores de la luz, todos con ideas afines, que te acompañarán en el viaje. Utiliza este grupo para hacer preguntas, contribuir con respuestas y compartir tu viaje a lo largo del libro. Participo activamente en el grupo y estaré allí para animarte en el camino.

2. **Sígueme en Instagram (@georgelizos) y manténme informado sobre tu progreso.** Envíame mensajes directos y etiquétame en tus publicaciones e historias usando el *hashtag* **#AncientManifestationSecrets**. Leo todos mis comentarios y mensajes y respondo personalmente a todo.

3. **Descarga los recursos de *Secretos ancestrales de manifestación* (solo disponible en inglés) en George-Lizos.com/AMS.** Estos incluyen una lista de verificación de todos los procesos en el libro, que puedes marcar a medida que los completes, así como meditaciones guiadas descargables de muchos de los procesos.

Espero tener noticias tuyas y apoyarte a lo largo de tu viaje de manifestación. Tengo toda mi confianza en ti y no puedo esperar a verte alcanzar tu máximo potencial y propósito.

1
LAS SIETE LEYES DEL UNIVERSO

1

EL UNIVERSO

A medida que nos aventuremos en este viaje de comprensión y, en última instancia, de dominio del antiguo arte de la manifestación, es importante que volvamos a lo básico y exploremos la esencia y los fundamentos de la manifestación.

Para ello, debemos hacernos las preguntas que los seres humanos nos hemos planteado desde el principio de los tiempos:

¿Qué es Dios, la Fuente o el Universo?

¿Por qué el Universo crea?

¿Cómo se lleva a cabo la creación?

A lo largo del libro usaré los términos "Fuente" y "Universo" indistintamente para referirme a lo que la mayoría de la gente piensa que es Dios y usaré "Universo", con mayúscula, cuando hable de Dios, y "universo", en minúsculas, cuando hable del cosmos físico.

Al comprender la naturaleza del Universo y la mecánica energética de la manifestación, también llegamos a comprendernos a nosotros mismos y a nuestra capacidad innata para crear. Como aprenderás en el capítulo 3, la Ley de la Correspondencia establece que "Como es arriba, es abajo", por lo tanto, somos extensiones físicas del Universo. Al conocer el Universo, llegamos a conocernos a nosotros mismos y a descubrir nuestras propias habilidades de manifestación.

Este no será un tratado científico; es mucho lo que podemos aprender de ella, pero la ciencia solo puede conocer la parte de verdad que ha sido probada. Cuando se trata de comprender el panorama general de las cosas, debemos ir más allá de la ciencia y buscar respuestas en el ámbito de la filosofía; específicamente, analizaremos las creencias y teorías de los antiguos griegos, y cómo conceptualizaron el Universo y la manifestación. Los antiguos griegos, sin duda, dieron forma al desarrollo de la ciencia, la sociedad, la espiritualidad y la vida tal y como las conocemos hoy. Sus ideas han guiado nuestra comprensión y evolución de la espiritualidad, y muchas de las creencias actuales sobre la naturaleza del Universo y la manifestación son reflejo de su sabiduría.

¿Qué es el Universo?

El Universo ha recibido muchos nombres a lo largo de la historia. Se le ha llamado Dios, el Creador, el Espíritu, la Fuente, la Inteligencia Infinita, el Todo o, como los antiguos griegos se referían a él, el Ser Verdadero. En este libro, me referiré a él como la Fuente y el Universo, pero siéntete libre de conceptualizarlo de la manera que tenga más sentido para ti.

Para entender qué es el Universo, primero tenemos que aceptar que es imposible hacerlo plenamente desde nuestra limitada perspectiva humana. Aunque somos extensiones físicas del Universo, estamos limitados por nuestra naturaleza física y solo podremos comprender por completo su naturaleza cuando hayamos transicionado de regreso al mismo. En cambio, lo que podemos hacer es desarrollar conjeturas fundamentadas, que es lo que los seres humanos han hecho desde el principio de los tiempos.

Según la espiritualidad griega antigua, el Universo posee tres características principales:

1. **El Universo es absoluto:** El Universo es todo lo que existe. No hay nada fuera de él, de lo contrario no sería el Todo. Esto significa que el cosmos junto con todo lo que está más allá de él, en todas las dimensiones y a través del tiempo y el espacio, son parte del Universo. Cualquier cosa que se te ocurra, o en la que no puedas pensar porque no la concibes, es parte del Universo.

2. **El Universo es infinito:** Puesto que no hay nada fuera del Universo, no hay nada que defina, constriña o delimite sus límites. Está en un estado constante de expansión en el tiempo y el espacio. Al ser infinito y ser todo lo que es, siempre fue y siempre será, el Universo nunca fue creado y siempre ha existido continuamente. No hay principio ni fin porque, si lo hubiera, la fuerza que lo creara o terminara estaría por encima de él, y eso no es posible.

3. **El Universo es inmutable:** La esencia del Universo es su inmutabilidad. No puede cambiar en su verdadera naturaleza porque es perfecto tal como es, y no hay nada que pueda modificarlo o mejorarlo. Lo que percibimos como cambio es simplemente la constante evolución y expresión del Universo en diferentes formas, estados y energías.

Cada pieza de consciencia dentro del Universo, incluidos nosotros mismos y la vida tal como la conocemos, comparte las cualidades absolutas, infinitas e inmutables del Universo. Al compartir estas cualidades, nos conectamos con la totalidad del Universo; si no las compartiéramos, no seríamos parte de él, lo cual es imposible porque no hay nada fuera del Universo.

El cosmos

El universo físico o el cosmos, como lo llamaban los antiguos griegos (que no debe confundirse con el Universo, que significa "Fuente"), es una manifestación y, por lo tanto, una extensión del Universo (la Fuente) en forma física. En griego, la palabra *cosmos* significa "joya" y "adorno", reflejando la visión de que esta parte del Universo ha alcanzado un orden natural, armonía y belleza. Las pocas partes restantes del cosmos se conocen como el tártaro, que deriva de la palabra *tarachē*, que significa "desorden". Estas son las partes del Universo, fuera del cosmos, cuyas cualidades aún no han sido definidas.

Se puede pensar que el cosmos está dividido en dos niveles: el nivel eterno y el nivel perecedero. El nivel eterno del cosmos consiste en la sustancia invisible que constituye su esencia: la inteligencia infinita y la energía divina de la fuerza vital que fluye a través de toda vida y la alimenta. En este nivel, el cosmos mantiene las cualidades del Universo de ser absoluto, infinito e inmutable. Por lo tanto, nunca fue creado y no puede ser destruido; su orden interno surgió naturalmente a través de un proceso interminable en el cual cada nueva forma emergía de la anterior.

El nivel perecedero del cosmos consiste en el aspecto físico de la vida, que tiene un principio y un final temporal. Esto incluye todo lo que conocemos en el mundo visible: las plantas, las rocas, los animales, los seres humanos y el universo físico en general. Aunque este nivel del cosmos se caracteriza por ser perecedero, nada perece en realidad, sino que se transforma y evoluciona hacia un estado diferente del ser.

Después de haber explorado la naturaleza y las características del Universo y del cosmos, lo que queda por entender es el proceso a través del cual el Universo creó y sigue creando el cosmos. Este proceso es fundamental para comprender la manifestación, ya que es el mismo proceso que usamos para manifestar nuestra vida y propósito.

Este proceso se basa en las Siete Leyes del Universo, tal como las teorizan los herméticos. Cada una de estas Leyes se interconecta con todas las demás para elaborar el proceso de manifestación. En el próximo capítulo exploraremos la Ley del Mentalismo, que establece las bases del proceso creativo.

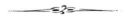

2

LEY DEL MENTALISMO

"El TODO es Mente; el universo es mental".
—El Kybalión

La Ley del Mentalismo establece que la Fuente crea mentalmente. En lugar de usar materiales físicos o reproducirse a sí misma, la Fuente crea imágenes mentales e intenciones que activan las otras leyes del Universo para hacer realidad esa intención.

El Kybalión explica que esto es muy similar a la forma en que creamos imágenes mentales en nuestras mentes. Cuando visualizamos una imagen mental, un deseo o una intención de lo que queremos, le indicamos a las leyes del Universo que comiencen a trabajar para hacerlo realidad. Todas las leyes juegan un papel en el proceso de manifestación, pero el primer paso siempre es esa primera intención mental de lo que queremos crear.

El poder de la intención

Una característica clave de este primer paso del proceso de manifestación es la forma en que la Fuente **se involucra** o **se envuelve** en su creación, descrita por *El Kybalión* como el proceso de involución o efusión. A medida que la Fuente concibe la intención mental de una creación, constantemente vierte o extiende parte de sí misma en esa imagen mental, envolviéndose en su propia creación.

Este proceso es comparable a la forma en que los escritores casi se convierten en los personajes sobre los que escriben durante el proceso creativo. Se sumergen tanto en las mentes, sentimientos y mundos de sus personajes, que se sienten como si ellos **fueran** los personajes mientras los escriben.

Al final, cuando el trabajo está terminado y el libro o el guion están escritos, una parte del autor sigue viviendo dentro de esos personajes. Sin embargo, los personajes no son el autor y el autor no es los personajes; el autor simplemente les dio vida a través de un proceso enfocado en extender parte de sí mismo en ellos.

Otro ejemplo de cómo funciona el proceso mental de creación es cuando un actor casi se convierte en el personaje que interpreta durante una obra. En su intención de capturar la esencia del personaje, el actor se involucra a fondo en los pensamientos, sentimientos y visión del mundo de este. El actor evoca conscientemente una imagen mental o una intención de cómo quiere interpretar al personaje, y luego canaliza parte de su energía y talento para darle vida. Se obsesiona con su personaje pensando, sintiendo y actuando como él lo haría. Al final, da vida al personaje de una manera tan auténtica, que parece como si se hubiera convertido en el personaje.

Es cierto que, aunque el personaje contiene parte del actor, el personaje no es el actor. Y de la misma manera, el actor no es el personaje; tan solo es una creación.

La clave de la vía mental a través de la cual la Fuente y, por lo tanto, nosotros mismos, nos manifestamos, reside en **mantener una intención mental** firme en nuestros deseos. En otras palabras, la manifestación ocurre cuando nos concebimos como los autores de nuestras propias vidas y perseguimos nuestros deseos con el mismo fervor e intensidad que los autores que dan vida a sus personajes.

En términos prácticos, la manifestación ocurre cuando pensamos, sentimos y visualizamos nuestros deseos constantemente. La palabra clave aquí es **consistencia**, porque así es como podemos crear un impulso mental lo bastante fuerte, o una efusión de energía mental, que impulse la manifestación de nuestros deseos.

Transmutación mental

"La mente puede transmutarse de un estado a otro, grado a grado, condición a condición, polo a polo y vibración a vibración. La verdadera transmutación hermética es un arte mental".

—El Kybalión

Aunque el concepto de pensar o visualizar nuestros deseos parece sencillo, ponerlo en práctica resulta más complejo. La mayoría de los libros de manifestación y entrenamiento que existen enseñan que nuestros pensamientos crean nuestra realidad, pero todavía hay muchas personas que no logran que esto funcione. Esto se debe, en parte, a que hay otros factores involucrados en el proceso de manifestación, que exploraremos en capítulos posteriores, pero también obedece a que estamos condicionados por miedos, patrones y creencias limitantes que nos impiden mantener nuestras intenciones mentales el tiempo suficiente para manifestar nuestros deseos (más sobre esto en el capítulo que versa sobre la Ley de Género).

Pensar o visualizar obsesivamente lo que quieres no es suficiente para que se haga realidad, también tienes que **sentir** lo que estás pensando y visualizando y para sentir algo, necesitas creerlo. Por ejemplo, si deseas vivir un estilo de vida lujoso, pero la realidad es que apenas si llegas a fin de mes, no será fácil para ti pensar y visualizar sobre tu deseo, creerlo de verdad y, por ende, sentir que lo que estás pensando y visualizando es cierto. Al contrario: sentirás que te estás burlando de ti mismo porque tu estado emocional, tu experiencia actual y tu sistema de creencias no respaldan lo que estás pensando y visualizando.

Aquí es cuando entra en juego el arte de la transmutación mental. La transmutación mental consiste en cambiar o alquimizar tu estado mental y, por ende, tu estado emocional, para que puedas creer y sentir lo que estás pensando y visualizando. En esencia, la transmutación mental consiste en llevar a cabo un trabajo interior, se trata de identificar y liberar tus miedos y creencias limitantes, cambiar tu condicionamiento y elegir conscientemente nuevas creencias y hábitos que estén alineados con tus deseos.

La transmutación mental es la pieza más importante que falta en la literatura de la manifestación, y es la clave absoluta para dominarla. Puedes emplear todos y cada uno de los procesos de manifestación que existen (afirmaciones, visualización, secuencias de comandos, *vision boards*), pero nada funcionará realmente si no alineas tus pensamientos y visualizaciones con tus creencias y emociones.

La transmutación mental es la piedra angular de la manifestación a través de los diversos planos de existencia, desde el plano físico de los animales y los humanos hasta los reinos espirituales de los guías espirituales, las deidades y la Fuente. En el próximo capítulo, exploraremos la Ley de la Correspondencia para entender cómo esta armonía universal puede potenciar tus esfuerzos de manifestación.

3

LEY DE LA CORRESPONDENCIA

"Como es arriba, es abajo; como es abajo, es arriba".
—El Kybalión

La Ley de la Correspondencia establece que las leyes del Universo se manifiestan en todos los planos de existencia. Como resultado, hay correspondencia, armonía y acuerdo entre los diferentes planos dentro de la Fuente y el cosmos. Hay mucho que podemos aprender sobre la manifestación a través de esto, así que consideremos primero los diversos planos de existencia.

La Fuente se expresa, por lo general, en tres planos principales de existencia:

1. **Plano físico:** Consiste principalmente en materia física, incluyendo sólidos, líquidos y gases. También abarca el éter, que es el medio que facilita la transmisión de información entre la materia y la energía, además de diferentes formas de energía, como son el calor, la luz, el magnetismo, la electricidad y la fuerza vital. Existen incluso formas de energía aún no reconocidas por la ciencia y que la mente humana todavía no puede comprender por completo.

2. **Plano mental:** Se subdivide en las mentes mineral, vegetal, elemental, animal y humana. Las tres primeras corresponden a los estados y condiciones de los reinos elementales e incluyen las hadas, gnomos, sirenas y otros tipos de elementales. La mente animal se relaciona con los estados y condiciones de los animales del mundo, mientras que el plano de la mente humana comprende los estados y condiciones de los seres humanos.

3. **Plano espiritual:** El último plano de existencia consiste en la plétora de seres espirituales, tales como dioses y diosas, adeptos y maestros ascendidos, ángeles, arcángeles y otros tipos de guías espirituales.

Lo que es importante entender acerca de estos tres planos principales de existencia es que no hay una distinción o separación clara entre ellos. Aunque los separemos por categorías para poder entenderlos mejor, lo cierto es que hay una relación fluida entre los distintos planos.

Asimismo, los planos de existencia no son lugares, estados o condiciones, aunque su comportamiento sea parecido. En cambio, corresponden a diferentes niveles de frecuencia vibratoria. Los planos físicos inferiores tienen una frecuencia vibratoria más baja y más densa, y a medida que se asciende a los planos espirituales superiores la frecuencia aumenta.

Interacción con los otros planos

Debido a la correspondencia y fluidez entre los diversos planos de existencia, podemos bajar o elevar nuestra vibración para interactuar con ellos. A nivel humano, subimos o bajamos nuestra frecuencia vibratoria cambiando nuestras emociones. A nivel del alma, este ajuste se logra mediante el proceso de ascensión espiritual, a través del aprendizaje y la evolución a lo largo de múltiples vidas.

Desde el punto de vista de la manifestación, hay mucho que podríamos lograr al alcanzar la armonía vibratoria con los diversos planos de existencia. Los elementales, que son los espíritus y la consciencia de la naturaleza, son los maestros manifestantes. Muchos de ellos han estado aquí desde la creación de nuestro planeta, y han sido responsables tanto de su sostenibilidad como de su evolución. Si hay algo que aprendí en mi carrera de Geografía es que en realidad nuestro planeta no necesita que lo salven, sino que somos nosotros los que necesitamos que nos salven. El planeta Tierra ha existido durante 4 500 millones de años, mientras que los seres humanos llevan en el planeta solo 200 000 años, lo cual es un parpadeo en la línea de tiempo de la Tierra.

A lo largo de su existencia, nuestro planeta ha visto muchas formas de vida y ha experimentado todo tipo de destrucciones, pero, cada vez ha resultado ganador. La Tierra cuenta con procesos poderosos, impulsados por los elementos, para eliminar las impurezas y mantener su equilibrio. Cuando sintonizamos nuestra frecuencia vibratoria para asociarnos con los elementales, podemos aprender y beneficiarnos de sus secretos de manifestación y recalibración.

En los planos espirituales de la existencia, también podemos trabajar con varios guías espirituales para apoyar nuestros esfuerzos de manifestación. Los dioses y diosas de los antiguos griegos, y otras tradiciones basadas en la Tierra, son extensiones y expresiones de los diversos aspectos, funciones y leyes del Universo. Su propósito está ligado de manera intrínseca al establecimiento y mantenimiento del orden en todos los planos de la existencia. Aparte de los dioses que supervisan el buen funcionamiento del cosmos, otros seres espirituales, como los ángeles, los arcángeles, los unicornios y los maestros ascendidos también se interesan por el funcionamiento del cosmos y ofrecen con generosidad su ayuda e influencia a aquellos que la pidan y estén dispuestos a recibirla.

Aunque los seres en el plano espiritual comparten las mismas leyes de manifestación que nosotros, ya las han dominado y pueden emplearlas con facilidad y maestría para manifestar sus deseos. Cuando elevamos conscientemente nuestra vibración para comunicarnos y pedir su ayuda, ellos nos transmiten sus secretos de manifestación, que podemos usar para desarrollar aún más nuestras habilidades.

Ascensión espiritual y manifestación

La segunda forma de elevar nuestra vibración, a fin de conectarnos y beneficiarnos de la experiencia de manifestación en el plano espiritual, es a través del viaje de ascensión de nuestra alma. A lo largo de cientos, si no es que miles de vidas, avanzamos en los distintos planos de existencia, desde el físico hasta el mental hasta, finalmente, alcanzar el espiritual. El grado en que ascendemos en la escala de ascensión depende de nuestra capacidad para cumplir con nuestro propósito de vida y aprender las lecciones que estamos destinados a aprender en cada vida.

Así es como funciona:

Todos los trabajadores[2] de la luz tienen cuatro propósitos principales: el propósito colectivo del trabajador de la luz, el propósito del reino del alma, el propósito del alma y el propósito de la vida. El propósito colectivo de los trabajadores de la luz es nuestro propósito compartido de elevar la vibración del planeta y ayudar a crear un mundo más amable, equitativo, amoroso y pacífico. El propósito del reino del alma es el propósito colectivo de nuestro reino del alma; los reinos del alma son grupos de almas que comparten una misión y características comunes, como las semillas estelares y las semillas sabias. Por otro lado, el propósito individual del alma se basa en el propósito de nuestro reino e implica un proyecto de gran envergadura que se cumplirá a lo largo de una serie de vidas. Por último, el propósito de vida es un paso hacia el cumplimiento del propósito de nuestra alma y representa nuestra misión a cumplir en nuestra vida actual.

A medida que nos enfocamos en encontrar y seguir nuestro propósito de vida en el presente, simultáneamente avanzamos en el propósito de nuestra alma, el reino del alma y los propósitos colectivos de los trabajadores de la luz. Al seguir y cumplir nuestros propósitos de vida y alma, ascendemos en la escala de ascensión y, por último, cruzamos el umbral del plano mental humano hacia el plano espiritual, uniendo fuerzas con los seres espirituales y los maestros que allí habitan. Cuanto más arriba estemos en la escala de ascensión, más entenderemos y dominaremos el proceso de manifestación.

Dicho lo anterior, es importante entender que, a medida que ascendemos en la escala y nos convertimos en mejores manifestadores, el tipo y la calidad de nuestros deseos cambian. Como ya mencioné, a los dioses, diosas, ángeles y otros seres espirituales en los planos espirituales superiores les interesa mantener el orden en el cosmos. Por ello, sus deseos han trascendido la búsqueda de comodidades físicas

---

[2] Los trabajadores de la luz son almas viejas y maduras que se encarnan en el planeta con el propósito de elevar la vibración del mundo. En esencia, están aquí para ayudar a hacer del mundo un lugar mejor.

(puesto que ya no son físicos) para mantener, mejorar y evolucionar el estado y el funcionamiento interno del cosmos.

Aunque pasarán muchas vidas más hasta que hayamos trascendido al plano espiritual de la existencia, todavía podemos beneficiarnos de esta perspectiva iluminada de la manifestación elevando conscientemente nuestra vibración a la frecuencia del plano espiritual. A medida que lo hacemos y contactamos con los seres en el plano espiritual mediante nuestra práctica, no solo recibimos su ayuda, sino que también nos sintonizamos con su mente espiritual colectiva. Esto nos facilita acceder a su guía con mayor facilidad, seguir nuestro propósito de vida de manera más efectiva y, en última instancia, acelerar el viaje de ascensión de nuestra alma.

En el próximo capítulo nos sumergiremos en la que probablemente sea la ley universal más popular, así como la más práctica cuando se trata de dominar la manifestación y acelerar el viaje de ascensión de nuestra alma. Esta no es otra que la Ley de la Vibración, que se conoce más comúnmente como la Ley de la Atracción.

4

LEY DE LA VIBRACIÓN

"Nada está inmóvil; todo se mueve; todo vibra".
—El Kybalión

La Ley de la Vibración establece que todo en el Universo y en el cosmos vibra, y la única diferencia entre una manifestación y otra es la frecuencia variable de la vibración. En otras palabras, si examinas cada pieza física de consciencia en el Universo, encontrarás diferentes grados y modos de vibración. La física cuántica ya lo ha demostrado, al explicar que los átomos se comportan como ondas y, por lo tanto, como vibración.

No solo el mundo físico y visible es vibración; el mundo invisible de los pensamientos, emociones y espíritu también lo es. *El Kybalión* nos dice que hay una escala de vibración, con la forma más burda de materia en un extremo, que tiene la frecuencia vibratoria más baja; y en el otro extremo está el Espíritu, con la frecuencia vibratoria más alta. Entre los dos polos hay millones de frecuencias diferentes de vibración, que representan la totalidad de las manifestaciones físicas y no físicas del Universo.

Cómo funciona la atracción

Dado que todo está hecho del mismo tipo de sustancia vibratoria, el Universo puede ser visto como una red vibratoria masiva de energía, con los diversos nodos dentro de la red correspondientes a las diversas manifestaciones del Universo. Para manifestar cualquier cosa, uno necesita acceder conscientemente a esa red vibratoria y sintonizarse con la frecuencia de su deseo elegido.

LEY DE LA VIBRACIÓN

Esto se logra a través del proceso de transmutación mental, como se explicó en el capítulo 2. Como seres humanos, nuestra forma de cambiar nuestra frecuencia vibratoria, a fin de que coincida con la vibración de un deseo, tiene que ver con la transmutación de nuestras creencias, pensamientos[3] y emociones. Nuestras creencias crean pensamientos y nuestros pensamientos crean emociones, que a su vez afectan nuestra frecuencia vibratoria. La transmutación mental tiene que ver con el uso de procesos para cambiar conscientemente nuestras creencias, pensamientos y emociones a otros distintos, con el propósito de manifestar nuestros deseos y propósitos.

Para ilustrar cómo funciona esto, considera la escala de orientación emocional desarrollada por el grupo de consciencia no físico conocido como Abraham y canalizado por Esther Hicks[4]:

1. Alegría/Gratitud/Empoderamiento/Libertad/Amor
2. Pasión
3. Entusiasmo/Ánimo/Felicidad
4. Expectativas/Creencia positiva
5. Optimismo
6. Esperanza
7. Satisfacción
8. Aburrimiento
9. Pesimismo
10. Frustración/Irritación/Impaciencia
11. Desbordamiento (sentirse abrumado)
12. Decepción
13. Duda
14. Preocupación
15. Culpa
16. Desánimo
17. Enojo

18. Venganza
19. Odio/Rabia
20. Celos
21. Inseguridad/Culpa/Indignidad
22. Miedo/Dolor/Desesperación/Desesperanza/Impotencia

Esta escala emocional muestra las veintidós emociones principales y, por lo tanto, las frecuencias vibratorias que solemos experimentar. Esto difiere de la escala de vibración antes descrita, que consiste en la totalidad de las vibraciones en todo el Universo. La escala de orientación emocional es simplemente un marco de las emociones humanas, que existen dentro de nuestro plano mental humano de existencia (que también es emocional).

Las emociones en la parte superior de la escala, como alegría, gratitud, empoderamiento, libertad y amor, tienen la frecuencia vibratoria más alta, mientras que las emociones en la parte inferior de la escala: miedo, dolor, desesperación, desesperanza e impotencia, tienen la frecuencia vibratoria más baja.

Para manifestar cualquier cosa, debes alinear tu frecuencia vibratoria con la frecuencia vibratoria de lo que deseas. La forma más efectiva de lograrlo es sintonizar tu frecuencia vibratoria con la frecuencia vibratoria de **tener ya lo que deseas**. Debes identificar cómo se siente tener el deseo elegido cumplido y mantener esa emoción de manera consistente. La clave es la **consistencia**, porque el Universo responde a tu frecuencia vibratoria dominante, no a los estados emocionales fugaces que cambian de un momento a otro.

---

[3] Mientras que las creencias crean pensamientos, los pensamientos también crean creencias. Los dos se excluyen mutuamente. Como enseña Abraham-Hicks: "una creencia es solo un pensamiento que seguimos pensando".

[4] Esther y Jerry Hicks escribieron algunos de los libros más influyentes sobre la manifestación y la Ley de la Atracción, siendo el más popular Ask And It Is Given (Hay House, 2004). Si bien los libros están escritos por Esther Hicks, ella lo hizo mientras canalizaba un grupo de conciencia que se llama a sí mismo Abraham. Por lo tanto, la obra a menudo se atribuye a Abraham-Hicks, lo que explica esta conexión.

Encarna la vibración de la Fuente

Una forma alternativa de manifestar tus deseos es elevando tu frecuencia vibratoria a la frecuencia de la Fuente. Puesto que el Espíritu está en la cima de la escala vibratoria universal, para vibrar en la frecuencia de la Fuente debemos elevar nuestra frecuencia vibratoria lo más alto posible dentro de nuestras limitaciones humanas. Esta es la frecuencia que está justo en la parte superior de la escala de orientación emocional, que incluye emociones como alegría, aprecio, empoderamiento, libertad y amor.

Es una verdad espiritual que todos tus deseos, incluyendo el cumplimiento de tu propósito de vida, ya están manifestados vibratoriamente y están listos para que los recibas. Estos permanecen almacenados en tu propia caja fuerte vibratoria, esperando a que encuentres el pin secreto para que se manifiesten de forma física en tu vida. El pin secreto de tu caja fuerte vibratoria no es otro que la frecuencia de la Fuente, esto se debe a que la frecuencia de la Fuente es tan alta que cuando vibras siempre allí, se apodera de todo tu ser y eleva tu vibración en relación con todos tus deseos.

El beneficio adicional de encarnar consistentemente la vibración de la Fuente como tu proceso de manifestación, es que no tienes que preocuparte o microgestionar tu estado vibratorio en relación con tus muchos deseos. Tu trabajo es permanecer alineado con la Fuente y dejar que esa conexión pura y de alta vibración llene todo tu ser y manifieste tus deseos en el momento perfecto. Además, al elevar tu vibración a la frecuencia de la Fuente también accedes al plano espiritual de la existencia, lo que significa que tienes a tus guías espirituales y al Universo entero trabajando contigo, ayudando a dar vida a tus deseos y propósitos.

En el próximo capítulo profundizaremos en la Ley de la Polaridad, un principio que te brindará información valiosa para navegar por la escala de orientación emocional a medida que trabajes para encarnar la frecuencia vibratoria de tus deseos.

5

LEY DE LA POLARIDAD

"Todo es doble, todo tiene dos polos; todo, su par de opuestos: los semejantes y los antagónicos son lo mismo; los opuestos son idénticos en naturaleza, pero diferentes en grado; los extremos se tocan; todas las verdades son medias verdades, todas las paradojas pueden reconciliarse".

—El Kybalión

La Ley de la Polaridad está directamente relacionada con la Ley de la Vibración y establece que todas las manifestaciones, ya sean físicas o inmateriales, tienen dos polos vibratorios con muchos grados de vibración entre ellos. El amor y el miedo, la abundancia y la pobreza, el bien y el mal, el Espíritu y la materia, son manifestaciones aparentemente opuestas que en realidad son dos caras de la misma moneda. Entre cada uno de estos dos polos existe una miríada de grados vibratorios. La escala de orientación emocional discutida en el capítulo anterior es una representación precisa de la polaridad entre el amor y el miedo. Aunque las dos emociones parecen contrastantes, en realidad ambas existen en el mismo polo con muchas emociones diferentes entre ellas y, por lo tanto, frecuencias vibratorias. En esencia, la Ley de la Polaridad enseña que, dondequiera que estemos en nuestra escala específica vibratoria del deseo, tenemos la oportunidad de cambiar nuestra frecuencia vibratoria y coincidir con una frecuencia diferente y deseada, siempre y cuando esté en la misma escala. Por ejemplo, si experimentas miedo, tienes acceso al amor; si experimentas la pobreza, tienes acceso a la abundancia; si experimentas soledad, tienes acceso a la compañía.

¿No es liberador saberlo? ¿No es liberador saber que tan solo al experimentar un estado negativo específico, ya sea una emoción o un estado de vida, estás en la misma escala vibratoria que su mejor forma? Así, cualquiera que sea la etapa en la que te encuentres en tu viaje hacia la manifestación de tus deseos y propósitos, ya tienes acceso vibratorio a su manifestación, tan solo con estar en la balanza de los deseos.

Los polos son ilimitados

Lo que es importante entender acerca de la Ley de la Polaridad es que los diversos pares de polos son de naturaleza liminal y, por lo tanto, nunca pueden definirse realmente como estados fijos. En otras palabras, no hay límite para la cantidad de amor u odio que uno pueda experimentar, y no hay límite para lo pobre o abundante que uno pueda ser. Cada cara de la moneda es ilimitada por naturaleza y solo definimos los dos opuestos para poder entender mejor el concepto.

Esto significa que, cuando se trata de tus deseos, no hay límite para el éxito que puedes alcanzar. No hay límite para la felicidad que puedes experimentar, la vida familiar satisfactoria que puedes gozar, el amor que puedes sentir hacia tu pareja, el impacto que puedes tener en tu propósito y el dinero que puedes atraer a tu vida. La Ley de la Polaridad libera nuestros límites autoimpuestos sobre lo que es posible, dándonos la oportunidad de elevar nuestros estándares y permitiéndonos vivir una vida más plena.

Tienes soporte universal ilimitado

Dado que los polos de todo son ilimitados en la naturaleza, nuestra capacidad de elevar nuestra vibración para comunicarnos con el plano espiritual de la existencia también es ilimitada. A menudo limitamos nuestra capacidad de acceder y recibir orientación de la Fuente, ya sea a través de la conexión con elementales, ángeles, guías espirituales o dioses y diosas, al pensar que hay un límite en cuanto a con quién podemos conectarnos, el tipo de relación que podemos tener con el Espíritu y el grado en que podemos ser apoyados.

En verdad, ¡no hay límite! No hay límite para lo mucho que el Universo puede apoyarte en tu viaje de manifestación. No hay límite para la cantidad con la que tus guías espirituales puedan colmarte con su guía. No hay límite para tu capacidad de acceder y recibir ese apoyo, siempre y cuando estés dispuesto a hacerlo y a tomar medidas para lograrlo.

Usando la Ley de la Polaridad

El uso efectivo de la Ley de la Polaridad en tus esfuerzos de manifestación implica la consciencia junto con la transmutación mental. Para empezar, para ascender en la escala vibratoria del estado en el que te encuentras, primero necesitas tomar consciencia de ese estado. La consciencia implica darte cuenta y tomar nota del estado emocional en el que te encuentras en la escala vibratoria de tu deseo elegido.

Por ejemplo, si tu deseo implica manifestar una pareja, debes tomar consciencia de tu estado emocional actual en relación con eso; no es suficiente notar que estás soltero y que ese sea tu grado vibratorio en la escala. Como se mencionó anteriormente, nuestra frecuencia vibratoria en relación con cualquier deseo está directamente correlacionada con nuestras emociones. Por lo tanto, la forma más precisa de averiguar nuestro estado actual en cualquier escala es considerando nuestro estado emocional dominante actual en relación con cada deseo. Por ejemplo, estar soltero y con el corazón roto es diferente a estar soltero y en paz con eso. Los dos estados tienen una frecuencia vibratoria completamente distinta y están en un punto diferente de la escala de tu deseo.

Una vez que hayas identificado tu punto actual en el estado vibratorio de tu deseo, el siguiente paso es utilizar los diversos procesos de transmutación mental de la segunda parte del libro para ascender en la escala hasta que coincidas con la frecuencia de tu deseo.

En el siguiente capítulo, aprenderás cómo la Ley de la Polaridad interactúa con las leyes del ritmo y la vibración, y cómo puedes aprovechar esta interacción para dominar la transmutación mental. Esta tríada es la más práctica de las Siete Leyes cuando se trata de manifestación.

6

LEY DEL RITMO

"Todo fluye y refluye; todo tiene sus períodos de avance y retroceso, todo asciende y desciende; todo se mueve como un péndulo; la medida de su movimiento hacia la derecha, es la misma que la de su movimiento hacia la izquierda; el ritmo es la compensación".
—El Kybalión

La Ley del Ritmo establece que existe un movimiento pendular entre los dos polos de todas las manifestaciones en los planos físico, mental y espiritual. Hay una naturaleza cíclica en todo: un flujo y un reflujo, un ascenso y una caída, un crecimiento y una decadencia. La naturaleza florece en primavera y verano y se extingue durante el otoño y el invierno; las naciones se levantan y caen; la economía pasa del auge a la recesión. De manera similar, las emociones humanas oscilan entre las emociones positivas, como la alegría y el amor, y las negativas, como el miedo y la depresión.

Es principalmente en el ámbito de las emociones humanas donde la Ley del Ritmo juega un papel crucial cuando se trata de manifestar nuestros deseos. Entender cómo funciona puede ayudarnos a amplificarlo, cuando se inclina a nuestro favor, y a superarlo cuando no está a nuestro favor.

Puesto que, según la Ley de la Polaridad, los dos polos de cualquier manifestación son liminales, ilimitados e indefinidos por naturaleza, el ritmo del péndulo de un polo al otro lo es igualmente. En otras palabras, el péndulo rara vez oscila hacia los extremos de cada polo. En cambio, cada manifestación experimenta variabilidad tanto en el momento como en la extensión de las oscilaciones.

Ley de la Compensación

La variabilidad del ritmo de un polo a otro depende de muchos factores, uno de los cuales está determinado por la Ley de la Compensación.

Cuando se trata de emociones, estados y condiciones humanas, la oscilación del péndulo depende de nuestras experiencias pasadas. La Ley de la Compensación establece que "la capacidad de dolor y placer en cada individuo está equilibrada". Por lo tanto, mientras más intenso sea el dolor, mayor puede ser el placer. Cuanta más pena, dolor, pobreza o enfermedad se puedan experimentar, más felicidad, placer, abundancia y salud podrán experimentarse también. Cualquiera que sea el grado de estado o condición emocional en el que te encuentres, tienes acceso automático y capacidad para experimentar exactamente lo opuesto.

Esto no significa que, para manifestar el amor, la felicidad y la abundancia que buscas, primero necesites experimentar su opuesto en esta vida. La Ley del Ritmo y la Ley de la Compensación ven más allá de tu encarnación actual y perciben tu alma, entera y eterna, que ha vivido cientos, si no es que miles de vidas pasadas. Lo más probable es que **sí hayas** experimentado la oscilación descendente del péndulo en muchos estados y condiciones emocionales diferentes a lo largo del viaje de tu alma. Por lo tanto, en esta vida tienes la oportunidad de experimentar el cambio ascendente de las cosas.

Ley de la Neutralización

Los herméticos creían que, aunque no se pueden omitir, evadir o romper las leyes del Universo, es posible usar otras leyes para superarlas. No se trata de violar una ley usando otra, sino de comprender cómo funcionan las leyes entre sí y usar esa información para trabajar con las leyes de una manera más eficaz.

La Ley de la Neutralización es una de esas leyes, una que puede ayudarnos a neutralizar la oscilación hacia atrás del péndulo, polarizándonos hacia el polo positivo.

El Kybalión explica que al elevar de manera consciente y consistente nuestra vibración para que vibre en el extremo superior del polo, suavizamos nuestra experiencia de balanceo hacia atrás. En lugar de escapar, evitar o negar este retroceso, elevamos nuestra consciencia a una frecuencia más alta que pueda comprender y manejar mejor la negatividad de dicho retroceso. Es decir, al dominar nuestra capacidad de nutrir y mantener una alta frecuencia vibratoria, nos volvemos más resistentes, obtenemos una vista panorámica de las situaciones y, por ende, nos afectan menos negativamente.

A medida que nos comprometemos con la práctica diaria de elevar nuestra vibración, eventualmente elevamos **toda** nuestra frecuencia vibratoria general, y así nos polarizamos hacia las oscilaciones positivas de todos nuestros polos. De esta manera, seguimos experimentando las oscilaciones hacia atrás de nuestros diversos estados y condiciones emocionales, pero el impacto resultante en nuestra vibración general y calidad de vida se reduce. Como resultado, nuestra vibración se mantiene alta la mayor parte del tiempo, sosteniendo nuestro esfuerzo y poder de manifestación.

Cómo amplificar la oscilación ascendente

Neutralizar la oscilación hacia atrás del péndulo puede ayudarnos a apaciguar las emociones y condiciones negativas y a mantener nuestra vibración alta. Por el contrario, amplificar y extender la oscilación ascendente del péndulo puede potenciar nuestras habilidades de manifestación.

Te das cuenta de que el péndulo se balancea hacia arriba cuando estás en el flujo: las personas se presentan para apoyarte, las oportunidades se te presentan en abundancia y la vida se desarrolla fácilmente y sin esfuerzo; te despiertas por la mañana, emocionado por el día que tienes por delante y todo lo que te propones hacer se desarrolla sin esfuerzo ni lucha; la vida se siente bien, tú te sientes bien, las personas que te rodean se sienten bien y estás viviendo tu mejor vida.

Lo que la mayoría de la gente hace cuando el péndulo oscila hacia arriba es simplemente sentarse y disfrutar del viaje. Aunque no hay nada malo en ello, ¡preferiría verte mecerte en ese columpio ascendente con más fuerza! En otras palabras, dado que no hay límite para la altura a la que puede oscilar el péndulo, ¿por qué no intentar extenderlo? ¿Por qué sentirse feliz cuando se te da la oportunidad de sentirte extasiado? ¿Por qué estar contento en tu relación cuando eres capaz de hacerla divertida y emocionante? ¿Por qué conformarte con un estilo de vida cómodo cuando sabes que puedes experimentar el lujo?

Amplificar el giro ascendente no significa ser codicioso, significa elevar tus estándares para que coincidan con los estándares del Universo. Tu ser superior ya sabe que se supone que debes vivir una vida extraordinaria; extender la oscilación ascendente del péndulo significa alinearte con esa verdad y vivir la vida desde la perspectiva de tu ser superior.

Aunque la tríada de Leyes de Vibración, Polaridad y Ritmo nos permite tomar el control de nuestra frecuencia vibratoria y desempeñar un papel activo en la manifestación de nuestros deseos, hay otros factores que intervienen en la manifestación. En el próximo capítulo aprenderás sobre estos factores y comprenderás cómo la Ley de Causa y Efecto los orquesta en el proceso de manifestación.

7

LEY DE CAUSA Y EFECTO

"Toda causa tiene su efecto; todo efecto tiene su causa; todo ocurre de acuerdo con la ley. Azar no es más que el nombre que se le da a la ley no reconocida; hay muchos planos de causalidad, pero ninguno escapa a la ley".

—El Kybalión

La Ley de Causa y Efecto nos enseña que nada sucede por casualidad, sino que existe una causa lógica detrás de cada efecto. Lo que a menudo llamamos azar o suerte son simplemente causas que no podemos percibir ni comprender. Desde esta perspectiva, nuestras manifestaciones son el resultado de una larga cadena de causas y efectos y, al mismo tiempo, también son las causas de más efectos y, por lo tanto, de nuevas manifestaciones.

Lo que *El Kybalión* deja claro sobre la manifestación es que no existe tal cosa como crear algo, sino más bien un desarrollo natural e interminable de una serie de eventos de causa y efecto. Crear algo implicaría partir de cero, pero nada puede empezar realmente de cero, puesto que siempre hay múltiples acontecimientos precedentes que conducen a la manifestación de un deseo.

Para manifestar conscientemente algo, necesitamos ser participantes activos del proceso de causalidad. Primero, debemos ser la creación de causas a través de nuestros pensamientos e intenciones, nuestras emociones y vibraciones y nuestras acciones. En segundo lugar, debemos ser componentes cooperativos de las causas que ya están en marcha y de las que quizás aún no somos conscientes.

La mayor parte de la literatura sobre la manifestación enfatiza la importancia de la Ley de la Atracción, o sea, la Ley de la Vibración en la manifestación de nuestros deseos y propósitos. Como resultado, hemos considerado que nuestros pensamientos y emociones son nuestras principales causas de manifestación y aunque son, de hecho, nuestras herramientas primarias para influir en la manifestación de nuestros deseos, hay más factores involucrados.

¿Es la Ley de la Atracción la ley más poderosa del universo?

La cultura espiritual popular enseña que la Ley de la Atracción o Vibración es la ley más poderosa del Universo. Yo mismo solía tener esta creencia, pero mi investigación, experiencia y comprensión posteriores de las Leyes Universales me han enseñado lo contrario. Creo que la Ley de la Atracción es ciertamente una ley poderosa en el Universo, pero también hay muchas otras leyes poderosas y, por lo tanto, posibles causas con las que la Ley de la Atracción tiene que trabajar.

En otras palabras, la Ley de la Atracción no es más poderosa que la ley de la gravedad. Por mucho que eleves tu vibración o cambies tus creencias para creer que puedes volar, no podrás. La ley de la gravedad no te lo permitirá porque, en este sentido es más poderosa que la Ley de la Atracción. Lo mismo ocurre con la mayoría de nuestras características físicas: podemos intentar todo lo que queramos para cambiar nuestra altura, color de cabello o rasgos faciales solo con el poder de nuestras mentes, pero eso va en contra de las leyes de la biología y, por lo tanto, es imposible.

¿Cómo ocurren los milagros?

Pero, ¿qué ocurre con los milagros? ¿Qué pasa con los cientos de historias sobre el uso del poder de la mente para curar enfermedades aparentemente incurables? ¿Esas no serían pruebas de que la Ley de la Atracción supera a otras leyes para crear cambios? La respuesta es tanto sí como no.

En cada historia **real** de una curación "milagrosa" ha habido una cadena de eventos de causa y efecto que conducen a ella. La razón por la que podemos percibirlos como milagros es porque no siempre nos percatamos de la compleja serie de causas detrás de ellos. Una de estas causas puede haber sido la utilización de la Ley de la Atracción valiéndose de pensamientos y emociones positivas para fomentar un resultado positivo; pero también puede haber otras causas involucradas.

Como se discutió en el capítulo anterior, las leyes del Universo trabajan juntas y de manera compleja y cooperativa, de modo que a veces puedes usar una ley para mitigar el impacto de la otra. Esto no significa que se supere una ley con otra, sino que se puede trabajar con las leyes de una manera más matizada.

Los antiguos comprendían los milagros de una manera muy distinta a como lo hacemos hoy. Nuestra percepción moderna tiende a ver los milagros como eventos sobrenaturales, que van más allá de las leyes del Universo. Pero la existencia de un evento que va por encima o en contra de las leyes del Universo implicaría que hay un poder por encima del Universo, lo cual, como ya expliqué, es imposible. Por el contrario, los antiguos griegos creían que los milagros eran eventos naturales en una cadena de causas y efectos que obedecen a las leyes del Universo. Desde esta perspectiva, los milagros ocurren, pero son meras manifestaciones de personas que entienden y utilizan las leyes del Universo para permitir un mejor estado del ser.

Causas desconocidas y poco conocidas

Como ya se mencionó, hay muchas causas más allá de la Ley de la Atracción que contribuyen al proceso de manifestación, muchas de las cuales a menudo son ignoradas por la espiritualidad popular. Esto genera frustración cuando nuestros procesos de manifestación no funcionan, haciéndonos sentir inadecuados y sin saber qué es lo que estamos haciendo mal y es así como seguimos comprando más libros y cursos, y aprendiendo las mismas perspectivas limitadas sobre la manifestación que nos mantienen atrapados en un ciclo sin fin.

La única manera de liberarnos es educándonos sobre las causas menos conocidas que intervienen en el proceso de manifestación. Las Siete Leyes del Universo de este libro son las causas principales, pero hay más.

He aquí una lista de los factores poco conocidos, pero más frecuentes que también contribuyen a la manifestación:

1. **Contratos del alma:** Los contratos del alma son promesas y planes que hicimos antes de nuestra encarnación actual sobre las lecciones que queríamos aprender en el curso de nuestras vidas. Muchos contratos del alma están relacionados con nuestras relaciones y los roles que decidimos desempeñar en la vida de los demás. Otros contratos del alma tienen que ver con ciertas virtudes, habilidades, talentos y cualidades que queríamos desarrollar, así como con los diversos logros que deseábamos alcanzar. Los contratos del alma se llaman así porque se deciden a nivel del alma y tienen como objetivo ayudar a nuestra alma a ascender en su viaje espiritual de evolución hacia la iluminación.

   La razón por la que ciertas manifestaciones a veces no se concretan es porque pueden no estar de acuerdo con uno o varios de los contratos de nuestra alma. Aunque nuestra vibración parezca estar creando una causa para el efecto deseado, puede haber una causa más grande y fuerte detrás de ella que ya está en su lugar y que se originó antes de nuestra encarnación.

2. **Destino:** A menudo abordamos el tema del libre albedrío frente al determinismo de una manera absoluta, en blanco y negro. Algunas personas creen que todo está destinado a suceder y que no hay nada que podamos hacer al respecto, mientras que otras piensan que somos los únicos determinantes de nuestro futuro. Creo que la respuesta está en un equilibrio entre ambos.

   Los antiguos griegos personificaban el destino en tres diosas, conocidas como las Tres Parcas. La primera es Lachesis, de quien se dice que visita a cada bebé recién nacido en su primera noche y traza los grandes eventos de vida. Aunque determina la ocurrencia de estos acontecimientos, no determina su desenlace, eso dependerá del libre albedrío de la persona.

La segunda diosa es Cloto, responsable de entretejer estos eventos principales para que se manifiesten en el momento adecuado de la vida de la persona.

Por último, está Átropos, que decide el fin de la vida, es decir, la muerte.

En esencia, esta perspectiva sobre el destino está muy alineada con los contratos de nuestra alma. Ciertos eventos y circunstancias están grabados en piedra y están destinados a suceder, pero, cuando suceden, siempre tenemos el libre albedrío para cambiarlos si así lo deseamos. En consecuencia, para que un deseo se manifieste tiene que estar alineado con estos acuerdos predestinados del alma.

3. **Nuestros cuatro propósitos:** ¿Recuerdas los cuatro propósitos de los trabajadores de la luz que compartí en el capítulo 3? Nuestro primer propósito es el propósito colectivo del trabajador de la luz, que tiene que ver con elevar la vibración general del mundo. El segundo propósito es el propósito del reino del alma, que implica un propósito colectivo a mayor escala, compartido entre las personas dentro del reino de nuestra alma, que es el origen de nuestra alma. El propósito de nuestra alma se basa en el propósito del reino del alma y es una misión a gran escala que se cumple a lo largo de una serie de vidas, mientras que nuestro propósito de vida es un paso hacia el cumplimiento de nuestro propósito del alma y, por lo tanto, es muy específico entre nuestro conjunto único de competencias, talentos y habilidades.

Para que un deseo se manifieste con facilidad en nuestras vidas tiene que estar alineado con nuestros cuatro propósitos, sobre todo los propósitos de vida y alma. Si no lo está, aunque igualmente podamos manifestar ese deseo, será más difícil cumplirlo ya que no estará alineado con nuestra esencia y misión en esta vida. Además, manifestar un deseo que no está alineado con el propósito de nuestra vida y alma puede retrasarnos en el cumplimiento de nuestro propósito mayor.

4. **Manifestación colectiva:** Aunque lo que manifestamos en nuestras vidas es principalmente el resultado de nuestra comprensión y uso personal (consciente o inconsciente) de las Leyes Universales, también tiene lugar un grado de manifestación colectiva. Dado que vivimos en un mundo compartido y, por lo tanto, interconectado, no solo estamos influenciados por quienes nos rodean, sino que también nos manifestamos juntos.

Desde la perspectiva colectiva de nuestras almas, antes de que eligiéramos participar en el experimento humano en el planeta Tierra, establecimos contratos y acuerdos colectivos sobre lo que queríamos lograr y experimentar juntos. Desde una perspectiva humana, cada pensamiento que tenemos y cada emoción que sentimos contribuye a la frecuencia vibratoria colectiva de la humanidad, la cual da forma, en gran medida, a nuestra realidad colectiva. La pandemia del COVID-19 y otros eventos a gran escala, como guerras, depresiones financieras y avances tecnológicos, son excelentes ejemplos de tales manifestaciones colectivas.

La manifestación es una colaboración universal

Con estos factores en mente, la manifestación no es solo el resultado de nuestro punto de atracción personal y humano. Es, en cambio, un proceso colaborativo que involucra todo nuestro ser multidimensional junto con toda la consciencia humana y universal. Para manifestar algo, nuestros deseos deben estar alineados no solo con nuestra perspectiva mental y emocional, sino también con los factores antes mencionados y las Leyes Universales.

Con toda honestidad, lo que he aprendido en mi viaje hacia la maestría de la manifestación, y lo que espero que ahora puedas empezar a entender también, es que el Universo no es nuestro esclavo. Manifestar nuestros deseos y propósitos no es querer que el Universo cumpla nuestras órdenes, sino comprender nuestro propósito, los contratos del alma y la manifestación colectiva, y cooperar con las leyes del Universo para cocrear deseos que nos permitan cumplir tanto nuestro propósito individual como el colectivo de elevar la vibración del mundo.

Aunque tener en cuenta tantos factores puede hacer que la manifestación parezca una tarea complicada, en realidad es más sencilla de lo que aparenta. Tu alma ya está conectada y al tanto de todos estos factores y leyes universales que contribuyen a la manifestación. Tu alma conoce el propósito de tu vida y el viaje de ascensión que debe hacer y, por lo tanto, los deseos exactos que necesitas manifestar para seguirlo. En consecuencia, cualquier deseo que surja de un estado de alineación con tu alma, ya está en sintonía con los factores antes mencionados y puede manifestarse fácilmente en tu vida.

Para dominar la manifestación, es esencial cultivar una conexión con tu alma, para que puedas recibir los deseos que ya están alineados con los múltiples factores involucrados en la manifestación, así como la guía necesaria para darles vida.

En el próximo capítulo aprenderás cómo la Ley de Género puede ayudarte a recibir deseos que ya están alineados con tu alma y el bien supremo, además de guiarte en la toma de medidas equilibradas en tus esfuerzos de manifestación.

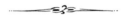

8

LEY DE GÉNERO

*"El género existe por doquier; todo tiene su principio masculino
y femenino; el género se manifiesta en todos los planos".*
—El Kybalión

La palabra "género" proviene del latín y significa "generar, crear y producir". Nuestra comprensión moderna de la palabra "género", para referirnos al sexo biológico (masculino / femenino / intersexual[5]) o al género social (hombre / mujer / género *queer*) es simplemente una forma a través de la cual el género se expresa en los planos físico y social. Desde una perspectiva espiritual y energética, el concepto de género tiene que ver con el proceso de creación.

El Kybalión enseña que el género está en la base del proceso de manifestación, ya que las energías masculina y femenina están intrínsecamente involucradas en la creación de las cosas. Al mismo tiempo, todo en el mundo está hecho de ambas energías y en su equilibrio se crea la armonía.

Un excelente ejemplo de cómo las energías masculinas y femeninas impulsan el proceso de manifestación es la manera cómo se forman los átomos. En esencia, los

---

[5] "Intersexual" se refiere a una variedad de condiciones en las que la anatomía reproductiva o sexual de un individuo no se ajusta a las definiciones típicas de mujer u hombre. Esto puede implicar variaciones en los cromosomas, las hormonas o las estructuras físicas. La intersexualidad puede ser evidente al nacer debido a diferencias visibles en los genitales, o puede descubrirse más tarde en la vida, como en la pubertad, o a través de pruebas genéticas. No todas las condiciones intersexuales son evidentes a la vista, a veces se utilizan los términos Diferencias en el Desarrollo Sexual (DDS), Trastornos del Desarrollo Sexual, Variaciones en las Características Sexuales o Desarrollo Sexual Diverso.

átomos se unen cuando un ion positivo (energía masculina) ejerce influencia sobre un ion negativo (energía femenina), lo que permite la creación de un átomo. Puesto que los átomos son la composición física de todo lo que hay en el plano físico, y puesto que por la Ley de la Correspondencia las mismas leyes gobiernan todos los planos de existencia, entonces toda creación, ya sea en el plano físico, mental o espiritual, surge de la interacción equilibrada de la energía masculina y femenina.

El proceso de creación con perspectiva de género

Las energías masculinas y femeninas desempeñan un papel distintivo en el proceso de manifestación. La energía masculina es la que dirige y expresa la energía, iniciando así el proceso creativo y asegurando su culminación. Crea un marco y un plan de acción y dirige la adopción de medidas necesarias para que las cosas se manifiesten. La energía masculina es como un gestor de proyectos: elige el equipo y los materiales adecuados, reparte responsabilidades y orquesta el proceso de manifestación.

Por otro lado, la energía femenina recibe instrucciones, les da sentido, crea espacio para la manifestación y hace el trabajo generador de dar vida a las manifestaciones. En pocas palabras, la energía masculina dirige la energía de la creación y la energía femenina es el útero que da a luz en el mundo.

La forma en que la energía masculina y la femenina se manifiestan dentro de nosotros en todo el proceso de creación, tiene que ver con nuestra capacidad de recibir orientación intuitiva sobre el camino para manifestar nuestros deseos (energía femenina) y usar esta guía para planificar y llevar a cabo la acción (energía masculina). Para manifestar algo con éxito, tenemos que estar equilibrados en ambas energías.

Equilibrio de nuestras energías masculinas y femeninas

Las personas, en su mayoría, tienen sus energías masculina y femenina desequilibradas, lo que les impide avanzar con éxito en su propósito y manifestar sus deseos. Este desequilibrio puede ocurrir tanto en la energía masculina como en la femenina.

Para empezar, el mundo patriarcal en el que vivimos valora más la energía masculina que la femenina. Como resultado, hemos sido condicionados a apresurarnos, luchar y tomar medidas sin sentido hacia nuestro propósito, pero sin consultar primero con nuestra intuición. En lugar de dejar que nuestra energía femenina informe sobre nuestra toma de acción, abusamos y dependemos en exceso de nuestra energía masculina, lo que crea un desequilibrio.

Y si no abusamos de nuestra energía masculina, lo hacemos con nuestra energía femenina. Esto es cierto para muchas personas que se han "quemado" en alguna etapa anterior de su vida o que han experimentado algún abuso por parte de las fuerzas patriarcales en esta vida o en sus vidas pasadas. Estas personas temen usar su energía masculina para evitar abusar de ella o ser abusadas por otros, y por eso se refugian en su intuición, recibiendo ideas sin llegar a tomar medidas para realizarlas.

Debido a que nuestro mundo ha estado en desequilibrio en la energía masculina y femenina durante miles de años, a menudo no sabemos cómo encontrar el equilibrio. Hemos vivido desequilibrados durante tanto tiempo que estamos condicionados a abusar de nuestra energía masculina o femenina.

La forma más fácil que he encontrado para equilibrar las dos energías dentro de nosotros es conectándonos y realineándonos de manera consciente y consistente con nuestro ser interior y, por lo tanto, con la Fuente, a través de nuestra práctica espiritual. La Fuente ya está perfectamente equilibrada en energía masculina y femenina, por lo que, al recuperar nuestra conexión con ella, de inmediato encontramos el equilibrio.

Género mental

Cuando se trata de usar conscientemente la Ley del Género para la manifestación, también necesitamos entender cómo el principio de género se manifiesta no solo en el plano físico, sino también en el mental, donde comienza la manifestación.

El Kybalión distingue entre las energías masculina y femenina en el plano mental al explicar la diferencia entre los dos principales pronombres de identidad que usamos para entendernos a nosotros mismos, el "yo" y el "mí".

Cuando pensamos en el "mí", por lo general nos referimos a nuestras características y deseos físicos y de personalidad. Pensamos en la forma en que se ve nuestro cuerpo, nuestros sentimientos, creencias, pasatiempos, gustos y disgustos, y todas las formas a través de las cuales definimos nuestra encarnación humana. El "mí" es la versión ya manifestada de nosotras mismos y, por lo tanto, está más alineado con nuestra energía femenina.

Por otro lado, el "yo", que es todos nosotros, está enraizado en nuestra consciencia y está más alineado con nuestra voluntad de crear, en lugar de quedarse lo que ya está creado. A ese "yo" se le ocurren ideas, deseos e intenciones y las proyecta en el "mí" para que puedan manifestarse. Como resultado, el "yo" es nuestra energía mental masculina, la que inicia, dirige y opera el proceso de creación.

En términos prácticos, en el plano mental la energía masculina dentro de nosotros surge con la intención y el deseo de manifestar algo, mientras que nuestra energía femenina lleva a cabo el trabajo de nutrir los pensamientos y las emociones, lo que permite que ese deseo crezca y finalmente se manifieste en nuestras vidas.

¿De dónde vienen tus deseos?

Una pregunta que debes hacerte es: ¿De dónde saca tu "yo" sus intenciones y deseos? ¿Son tus deseos una extensión de tu auténtico yo y propósito, o están influenciados por los deseos y expectativas de otras personas hacia ti?

Aunque nacemos conociendo nuestro propósito de vida y tenemos una conexión directa con la Fuente, que puede guiarnos para seguirlo, a medida que crecemos no podemos evitar ser adoctrinados y condicionados por nuestra familia, el sistema escolar y la sociedad en general. Al principio nos rebelamos, nos resistimos y nos aferramos a nuestra autenticidad. Sin embargo, con el tiempo, sucumbimos a la presión y terminamos adoptando su "fórmula estándar" para ser y vivir. Olvidamos nuestro propósito de vida, perdemos nuestra conexión con la Fuente y terminamos pensando y sintiendo los pensamientos y las emociones de otras personas, y nos comportamos de maneras que no están alineadas con nuestro verdadero yo y propósito. (Para aprender cómo proteger tu energía de tal condicionamiento, lee mi libro *Protege tu luz*).

Como resultado, nuestro "yo", nuestra consciencia y nuestro sentido de la voluntad están influenciados en gran medida por otras personas y sistemas cuya voluntad nos fue inculcada o es más fuerte que la nuestra. Esto significa que muchos de los deseos que nos esforzamos por manifestar no están alineados con nuestro propósito y bien mayor; de hecho, no son **nuestros** deseos en realidad, sino que reflejan las expectativas y condicionamientos de otros.

Desde esta perspectiva, nuestro sentido del yo o "mí" (nuestros pensamientos, emociones, gustos y disgustos, pasatiempos e intereses), junto con las ideas y deseos que alimentamos y nos esforzamos por manifestar, no tienen que ver realmente con lo que queremos para **nosotros,** sino con lo que los **demás** esperan de nosotros.

Recupera tus deseos auténticos

Dado que nuestra energía mental masculina, nuestro "yo" o voluntad y, por lo tanto, nuestros deseos, son guiados en gran medida por nuestro condicionamiento, un pilar esencial del proceso de manifestación tiene que ver con hacer el trabajo interno. Tenemos que hacer el trabajo de desprogramar nuestras mentes de los pensamientos, miedos, creencias y condicionamientos limitantes con los que hemos sido adoctrinados y realinearnos con los pensamientos, creencias y deseos que nuestro ser superior tiene para nosotros.

En otras palabras, la manifestación no solo trata sobre hacer el trabajo de alta vibración, sino también de tener el valor de enfrentar tus miedos más profundos y oscuros y tus creencias limitantes. Se trata de dejar de negar tu yo en la sombra y usar varios procesos para sanar, resolver y transmutar la oscuridad en luz. Solo si nos sumergimos dentro y despojamos las capas de nuestro condicionamiento, podremos hacer que nuestros verdaderos deseos y propósitos salgan a la superficie.

Por desgracia, la mayoría de la literatura sobre la manifestación enseña el "desvío espiritual". Por lo tanto, has sido conducido a ignorar tus miedos y creencias limitantes y evitar enfrentarte a tus emociones negativas. En cambio, se te ha pedido que **simplemente** "pienses en positivo", "eleves tu vibración" y "finjas hasta lograrlo". Pero, ¿cómo puedes pensar en positivo cuando tienes creencias limitantes arraigadas tan profundo, en torno a la negatividad? ¿Cómo puedes elevar tu vibración cuando tienes traumas no resueltos que te mantienen arraigado en el miedo? ¿Cómo puedes fingir hasta que lo logres cuando has sido condicionado a verte a ti mismo de una manera limitada?

Ignorar lo negativo y centrarse en lo positivo puede funcionar a corto plazo, y es posible que hasta te encuentres disfrutando de una felicidad de manifestación efímera. Pero, con el tiempo, tus miedos enterrados y no sanados, así como tus creencias limitantes, ganarán impulso, se apoderarán de tu consciencia y sabotearán el proceso de manifiesto.

La Ley de Género marca el final de la primera parte del libro. Ahora que tienes una comprensión más profunda de las Siete Leyes de Manifestación del Universo estás listo para comenzar a ponerlas en práctica. En la próxima parte aprenderás a usar estas Leyes de una manera práctica para que puedas manifestar tus deseos y propósitos.

2
VIVIR LAS LEYES

9

PROCESO DE MANIFESTACIÓN DE CINCO PASOS

"La posesión del conocimiento, si no va acompañada por una manifestación y expresión en la práctica y en la obra, es lo mismo que el enterrar metales preciosos: una cosa vana e inútil. El conocimiento, lo mismo que la fortuna, deben emplearse. La Ley del Uso es universal, y el que la viola sufre por haberse puesto en conflicto con las fuerzas naturales".
—El Kybalión

Las Siete Leyes de Manifestación del Universo tienen una aplicación práctica. En esta segunda parte del libro he estructurado su componente práctico en un proceso de cinco pasos que puedes usar para manifestar tus deseos y propósitos.

Más que una fórmula rápida para la manifestación instantánea, este proceso de cinco pasos es un marco a largo plazo para tu viaje de manifestación, el cual puedes usar y mejorar a lo largo de tu vida. Por lo tanto, emplea las prácticas en el proceso de cinco pasos de manera consistente, así podrás inspirar, reorganizar y optimizar tu práctica de manifestación de modo que hagas de la manifestación consciente una parte de lo que eres y de lo que haces.

Estos son los cinco pasos para el proceso de manifestación:

1. Eleva tu vibración.
2. Aclara tus deseos.
3. Libera tus creencias limitantes.

4. Nutre la energía de tus deseos.
5. Toma pasos inspirados.

Para empezar, comienza elevando tu frecuencia vibratoria general para que puedas coincidir con la vibración del Universo y tu ser interior. A medida que tu vibración se eleve, podrás recibir orientación en cuanto a los deseos que están alineados con tu propósito de vida, en lugar de aquellos deseos extraídos de tu ego y un estado de desconexión con tu verdadero ser. Al mismo tiempo, tu alta vibración te alineará con tus deseos, así podrás comenzar de inmediato con el proceso de manifestarlos.

Cuando empezamos a elevar nuestra vibración y a seguir nuestro propósito, a menudo surgen miedos y creencias limitantes que intentan sabotear el proceso. En esta etapa del viaje de manifestación aprenderás a identificar y liberar de manera proactiva los miedos y las creencias limitantes que te mantienen estancado.

El cuarto paso del proceso consiste en nutrir la energía de tus deseos. Aprenderás poderosos procesos energéticos para convertir tus deseos, y a ti mismo, en poderosos imanes vibratorios que atraigan a personas de apoyo, guías espirituales y otros componentes cooperativos que sirvan para dar vida a tus deseos y propósitos. Este proceso va más allá de elevar tu vibración general para elevar la vibración de tus deseos específicos también.

El paso final del proceso se centra en equilibrar tu energía masculina y femenina, permitiéndote recibir una guía inspirada en pasos de acción que debes tomar para hacer realidad tus deseos. Aprenderás la importancia de convertirte en un componente cooperativo en el proceso de manifestación y de unirte al Universo en un esfuerzo colaborativo para manifestar tus deseos.

Proceso de preparación para la meditación

Muchas de las próximas prácticas de manifestación te llevarán a viajes de meditación profunda. Antes de participar en estas meditaciones es importante que sigas el proceso de preparación de la meditación de relajación, de lograr el centro y la conexión con la tierra.

Los tres pasos son de vital importancia, tanto para la efectividad de los procesos como para tu seguridad al practicar estas meditaciones.

Relajación

La clave para una meditación exitosa radica en lograr una relajación completa, tanto de la mente como del cuerpo. Las visualizaciones guiadas que practicarás te llevarán a viajes interiores, lo que te permitirá conectarte con energías espirituales y comprometerte con el reino espiritual. Esto requiere una suave percepción de tu presencia física, permitiendo que tu esencia interior asuma el control, estado facilitado por la relajación consciente.

Para empezar, siéntate o recuéstate en una posición cómoda, cierra los ojos y respira hondo. Continúa relajando la parte superior de la cabeza y luego avanza lentamente hacia abajo, cubriendo cada centímetro de tu cuerpo. Evita apresurar este proceso; concéntrate en relajar completamente cada parte del cuerpo, sobre todo, los ojos, las mejillas y la mandíbula.

Una vez que hayas llegado a las plantas de los pies, respira hondo tres veces y exhala como si quisieras transformarte en un fideo flácido y húmedo. He descubierto que esta visualización es muy efectiva para liberar cualquier tensión física persistente, lo que permite una entrega completa.

Con tu cuerpo a gusto, centra tu atención en calmar tu mente. Puede ser difícil vaciar completamente tu mente de pensamientos, así que dale algo pequeño en lo que pueda concentrarse, como el tic-tac rítmico de un reloj o el latido constante de tu corazón. Si los pensamientos aleatorios se entrometen, reconócelos por un momento y luego déjalos ir con suavidad. El objetivo es minimizar el parloteo mental tanto como sea posible.

Centrarse

Centrarse consiste en asegurarnos de que todos los cuerpos físicos, mentales, emocionales y otros cuerpos sutiles, ocupen el mismo espacio dentro de nosotros. Con frecuencia, nuestro cuerpo físico puede estar físicamente presente, pero nuestra mente se desplaza hacia otra parte y nuestras emociones residen en otro lugar. Cuando no estamos centrados, nuestro campo de energía se debilita, dejándonos susceptibles a perturbaciones energéticas y espirituales.

Para centrarte, sigue los pasos a continuación:

1. Busca una posición cómoda para sentarte y, despacio, cierra los ojos.
2. Inhala hondo por la nariz, permitiendo que la respiración descienda a tu vientre; luego exhala por completo, hasta que tus pulmones estén vacíos.
3. Revisa tu cuerpo físico y asegúrate de que esté relajado y no se aferre a ninguna tensión. Si notas tensión, usa el proceso del fideo flácido, que te enseñé con anterioridad, para relajar tu cuerpo por completo.
4. Una vez que tu cuerpo físico esté completamente a gusto, dirige tu mirada mental a tu cuerpo emocional, a la segunda capa de tu aura, que en esencia es tu núcleo emocional. Durante cada respiración, concéntrate en tus emociones predominantes, simplemente reconociéndolas y permitiéndoles ser. Reconocerlas es suficiente para centrar tu cuerpo emocional.
5. Cambia tu atención al cuerpo mental, la tercera capa de tu aura, y sigue el mismo proceso. Reconoce cualquier pensamiento que surja en tu mente y luego permítele irse sin apego.
6. Visualiza las cuatro capas restantes de tu aura, las capas espirituales, usando el ojo de tu mente. Estas capas pueden ser un poco más elusivas, pero para centrarlas continúa respirando, mientras las visualizas disponiéndose de manera natural alrededor de tu cuerpo físico.
7. Reconoce conscientemente las siete capas o cuerpos de tu aura. Luego, dirige tu enfoque hacia el centro de tu corazón y visualiza cómo tu chakra del corazón actúa como una fuerza magnética, atrayendo las siete capas hacia él. Tu corazón, como punto de convergencia entre tus aspectos físicos y espirituales, sirve como ancla para tu estado centrado.

8. Una vez que sientas que estás completamente presente, centrado y concentrado, respira hondo unas cuantas veces más y abre los ojos lentamente.

Conexión a tierra

La conexión a tierra es la práctica de establecer un vínculo energético con nuestro planeta, la Tierra, y es importante por varias razones clave:

En primer lugar, la Tierra es un poderoso protector de energía. Cuando te conectas a la Tierra, aprovechas su energía estabilizadora, ayudándote a mantener un mayor control sobre tu propia energía. En segundo lugar, mantener esta conexión durante la meditación ofrece un flujo continuo de energía vital que purifica y recalibra tu campo energético. Por último, tener un vínculo energético con la Tierra permite que se disipe el exceso de energía que tu cuerpo no puede lograr controlar, evitando el agobio durante los viajes de meditación y facilitando tu capacidad para comprender e interpretar los conocimientos que recibes.

Para conectarte a tierra, sigue los pasos a continuación:

1. Busca una posición cómoda para sentarte y, despacio, cierra los ojos.
2. Después de alcanzar un estado centrado, cambia tu enfoque a tu chakra raíz, ubicado en la base de tu columna vertebral. Puedes imaginarlo como una esfera radiante de luz rojo rubí. Este chakra gobierna tu conexión con el mundo físico y la Tierra, convirtiéndolo en el chakra primario para la conexión a tierra.
3. Visualiza un cordón energético que se extiende desde tu chakra raíz y desciende a las profundidades de la tierra debajo de ti. Imagina que este cordón horada las distintas capas del suelo, pasa por cavernas y montañas cristalinas y penetra en la corteza terrestre, llegando por fin al núcleo, que se asemeja a un enorme cristal rojo.
4. Permite que este cordón se envuelva naturalmente de forma segura alrededor del núcleo de la Tierra, reflejando la apariencia de su propio chakra raíz.

5. Con tu conexión con el núcleo de la Tierra establecida, visualiza todo el estrés, la tensión y la negatividad fluyendo fuera de tus diversos cuerpos, a través de este cordón, hacia la Tierra. Imagina que esta energía es absorbida y transformada por ella y, al mismo tiempo, vislumbra sanación y la energía enraizadora de la Tierra, que asciende a través del cordón hacia tu cuerpo físico, revitalizándolo y arraigándote.
6. Mantén este estado durante el tiempo que te parezca apropiado. Cuando estés listo para concluir, respira hondo mientras abres los ojos despacio y experimentas una sensación de arraigo y vitalidad.

PASO 1
Eleva tu vibración

10

TU PRÁCTICA DIARIA DE FELICIDAD

Como se discutió en el capítulo 4, la Ley de Vibración o Atracción establece que, para manifestar tus deseos, necesitas elevar tu frecuencia para que coincida con la frecuencia de tu deseo como si ya lo tuvieras. Además, al elevar tu vibración para alinearte con la frecuencia del Universo, automáticamente te conviertes en una coincidencia vibratoria con todos tus deseos y dejas que entren en tu vida, sin el menor esfuerzo y en el momento adecuado.

Hay muchos procesos para elevar con rapidez tu vibración, pero en este capítulo te enseñaré un marco que puedes utilizar para optimizar tu estilo de vida y fomentar así un estado de alta vibración constante. Recuerda: el Universo responde a tu vibración general, no a tus emociones efímeras del momento. Por lo tanto, es importante reorganizar tu vida, para que soporte y amplifique una frecuencia de alta vibración.

Crea tu práctica diaria de felicidad

La felicidad no es algo que se obtiene, sino algo que se permite y se recuerda. Puesto que eres una extensión física del Universo, y el Universo vibra en la frecuencia de la felicidad, tu verdadera esencia es también la vibración de la felicidad. Esto es algo que experimentaste cuando eras bebé, pero, a medida que creciste y te enfrentaste a las complicaciones de la vida, lo olvidaste.

Tu práctica diaria de felicidad es una forma de recordar y volver a tu felicidad innata. En esencia, consiste en un grupo de prácticas que te comprometes a llevar a cabo a diario con el propósito de nutrir conscientemente tu alineación con el Universo y tu verdadero yo. Tener una práctica diaria de felicidad te ayudará a polarizarte a la vibración de la felicidad durante el día, de modo que puedas neutralizar el ritmo emocional del péndulo emocional, es decir, los inevitables altibajos de la vida.

Por lo general, a la práctica de la felicidad se le conoce como práctica espiritual, pero me gusta llamarla "práctica de la felicidad" porque la espiritualidad es, simplemente, un viaje para reconectarnos con nuestra verdadera esencia espiritual, que es la vibración de la felicidad.

Para desarrollar tu práctica de la felicidad, todo lo que necesitas hacer es elegir tres actividades que te ayuden a nutrir la vibración de la felicidad y hacerlas a diario, idealmente al comienzo de tu día. En lugar de centrarte solo en las prácticas espirituales por tradición, elige cualquiera que alimente la emoción de la felicidad.

He aquí una lista de prácticas que te servirán de inspiración:

- Medita.
- Escribe diez cosas por las que estés agradecido.
- Juega con tus mascotas.
- Pon música a todo volumen y baila.
- Canta con toda la fuerza de tu corazón.
- Conéctate con la naturaleza.
- Lee un libro que te inspire.
- Mira algo motivacional.
- Has ejercicio.
- Haz un pequeño ritual.
- Ora.
- Haz afirmaciones positivas en el espejo.
- Escribe un diario sobre tus sueños y deseos.

Tan pronto como hayas elegido tus tres actividades, comprométete a hacerlas a diario y al menos durante 15 minutos en total. La razón por la que es importante ser constante con tu práctica de la felicidad y dedicarle una buena cantidad de tiempo, obedece a que la felicidad es un músculo que necesita ser nutrido con impulso. Nuestras vidas se han vuelto cada vez más ocupadas y exigentes, por lo que hay muchos factores que pueden desalinearnos en cualquier momento. Es probable que una práctica de la felicidad de cinco minutos no sea suficiente para polarizarte a la vibración de la felicidad, y puede que te encuentres influenciado por el primer desafío que se te presente.

Pero, al contrario, cuando te comprometes a pasar una cantidad considerable de tiempo nutriendo la vibración de la felicidad, creas un volumen lo bastante fuerte de vibración como para hacerte emocionalmente resistente a los diversos factores que puedan estropear tu vibración a lo largo del día. Como resultado, tu práctica diaria de felicidad polariza tu vibración a la emoción de la felicidad, por lo que puedes neutralizar de manera eficaz los estados negativos y las emociones a medida que se te presenten.

Además, también es importante permitir que tu práctica de la felicidad cambie y se transforme a medida que la lleves a cabo. Comencé a hacer mi práctica de la felicidad, de manera consistente, en 2012 y desde entonces ha tomado muchas formas. Al principio, y mientras era estudiante universitario y tenía más tiempo libre por las mañanas, consistía en meditaciones guiadas, afirmaciones positivas o viajes, así como una minilectura de cartas del oráculo para inspirarme a diario. Cuando finalmente conseguí mi primer trabajo a tiempo completo en Londres, mi práctica se limitó a una meditación de 15 minutos por la mañana, ya que ese era todo el tiempo disponible que tenía. Con el tiempo, cuando renuncié a mi trabajo de tiempo completo y regresé a Chipre a trabajar por mi cuenta, amplié mi práctica de la felicidad hasta alcanzar unas tres horas que incluye yoga, meditación, rituales, técnica de liberación emocional (EFT, por sus siglas en inglés) y escribir en mi diario.

A medida que tú, tu vida y tu estilo de vida cambien, tu práctica de la felicidad también debe cambiar, con el objetivo de apoyar tus nuevas circunstancias. Si te obstinas en mantener la misma práctica sin importar los cambios en tu vida, puedes terminar sintiéndote sofocado. Eso sería contraproducente y no te ayudaría a nutrir una alta vibración.

En la medida en que cambias, tus gustos e intereses también pueden cambiar. Las actividades que antes te emocionaban pueden perder su atractivo con el tiempo, y las prácticas espirituales que te ayudaban a sentirte conectado con el Universo pueden dejar de hacerlo. Por lo tanto, siempre es una buena idea estar atento a cómo te hace sentir tu práctica de la felicidad diaria y hacer ajustes cuando sea necesario. Como regla general, me gusta revisar mi práctica de la felicidad cada tres o seis meses, así la mantengo fresca y edificante.

CONSEJO

Si bien tu práctica de la felicidad debe ser una prioridad diaria, llegará el día en que, por cualquier motivo, no puedas completarla. Para esas ocasiones es una buena idea tener una práctica de la felicidad de emergencia, que consiste en una versión simplificada de tu práctica de la felicidad. Eso es lo mínimo que necesitas para mantener tu estado vibratorio existente. Tu práctica de emergencia puede durar entre 5 y 15 minutos e incluir una sola actividad que te dé el mayor resultado en el menor tiempo posible. Para mí, esta es una meditación de atención plena de diez minutos. A ti, ¿qué te conviene?

ACTÚA

Saca tu diario y haz una lluvia de ideas sobre actividades que puedas añadir a tu práctica diaria de felicidad. Elige las tres ideas más divertidas y programa al menos 15 minutos para practicarlas todas las mañanas.

Transmutar con gratitud

Tu práctica diaria de felicidad marcará el tono de tu día con una alta vibración, y es probable que puedas mantenerlo durante la mayor parte del día. Sin embargo, a medida que avance el día, es posible que interactúes con personas y espacios, distintas situaciones y desafíos que inevitablemente disminuirán tu vibración. En tal caso, necesitas tener un plan de acción para transmutar las emociones o experiencias negativas y restaurar tu alta vibración.

Existen muchas modalidades y procesos complejos que puedes utilizar para transmutar las emociones y experiencias negativas. En lo personal, me gusta usar algo rápido y simple a medida que avanza mi día, y reservo las prácticas más intrincadas para cuando tengo tiempo y espacio para hacer un trabajo interno más profundo. Por esta razón, mi proceso de transmutación, proceso con el que cambio cualquier situación que baje mi vibración a lo largo del día, es la gratitud.

La gratitud es una emoción que transmuta. Te permite alquimizar los estados negativos a otros más positivos, cambiando tu perspectiva y buscando el lado positivo de todo. Sea lo que sea por lo que estés pasando que estropee tu vibración, puedes usar la gratitud de manera intencional y creativa para encontrar algo que te haga sentir mejor al respecto. En lugar de fingir que todo está bien cuando en realidad no lo está, ser agradecido te permite buscar una razón real para sentirte bien, lo que ayuda a aliviar el estrés y la tensión de cualquier situación y te permite resolverla más rápido.

Por ejemplo, si tu coche se descompone mientras conduces al trabajo, puedes estar agradecido por el tiempo extra que tienes para ti mismo o por tener a alguien que venga a recogerte. Si pierdes tu teléfono, puedes estar agradecido por el descanso de las redes sociales que obtendrás como resultado.

Momentos de gratitud

La forma en que utilizo la gratitud como herramienta de transmutación mental es programando momentos de gratitud a lo largo del día. Se trata de sesiones cortas de gratificación que practico en diferentes momentos de mi día y que funcionan como recordatorios conscientes para transmutar intencionalmente cualquier situación negativa que pueda haber surgido.

Tengo tres momentos de gratitud todos los días: uno al comienzo del día, otro a la mitad del día y el último al final del día; cada uno tiene un propósito diferente. El primer momento forma parte de mi práctica diaria de felicidad y su propósito es doble: en primer lugar, sirve como una de mis tres prácticas para elevar mi vibración y establecer el tono de mi día; también me sirve como una forma de transmutar cualquier emoción o situación negativa que pueda haber surgido temprano en la mañana, o incluso pensamientos negativos que hayan surgido en mi mente. Al abordarlos antes de que avance el día, evito que aumenten y disminuyan mi vibración más tarde en el día.

Mi segundo momento de gratitud, a la mitad de mi día, sirve para permitirme estar agradecido por todas las cosas positivas que han sucedido hasta el momento en el día, pero también para transmutar cualquier situación o emoción negativa que pueda haber surgido. Ya sea que algo haya salido mal en el trabajo, o haya tenido una discusión con un amigo o me toco lidiar con un cliente difícil, utilizo este segundo momento de gratitud para encontrar el lado positivo de la situación y sentirme agradecido por ello.

Y mi último momento de gratitud es al final del día. Esta es una oportunidad para expresar mi gratitud por todas las grandes cosas que he experimentado durante el día y para transmutar cualquier experiencia negativa que aún no haya tenido la oportunidad de resolver. Como resultado, termino mi día en el mismo estado de alta vibración en el que lo comencé, si no es que más alto, pues hasta ese momento he tenido dos sesiones adicionales durante las cuales he amplificado intencionalmente mi vibración con gratitud.

Esencialmente, tener tres momentos de gratitud a lo largo del día te ayudará a elevar tu frecuencia si las cosas han ido bien para ti, o servirán para mantener tu frecuencia existente mediante la resolución de situaciones que pueden disminuirla.

Hay muchas maneras de expresar tu gratitud durante estos momentos. Puedes escribir en tu diario, decir cosas en voz alta contigo mismo o tan solo pensar en ellas. Sin embargo, mi forma favorita de hacerlo es enviando mensajes de voz a mis mejores amigos.

Empecé a hacer esto después de llevar a cabo la "Práctica mágica de la mañana" de Gala Darling, de su libro *Radical Radiance*, y desde entonces lo he ajustado para que funcione para mí. Cuando envías tu práctica de gratitud como un mensaje de voz a un amigo, obtienes el beneficio adicional de que alguien escuche, piense y comente lo que estás diciendo, lo que amplifica la vibración de tu ofrenda. Además, si tu amigo elige hacer la práctica contigo, escuchar su práctica de gratitud inspira la tuya y se suma a las cosas por las que estás agradecido.

ACTÚA

Decide el formato de tus tres momentos de gratitud (escríbelo, dítelo a ti mismo o envía un mensaje de voz a un amigo) y comprométete a llevarlos a cabo todos los días, mientras sea divertido.

11

OPTIMIZA TU ESTILO DE VIDA DE ALTA VIBRACIÓN

Nuestra práctica diaria de felicidad, junto con los momentos de gratitud, te ayudarán, en buena parte, a establecer y mantener una alta frecuencia vibratoria a lo largo del día. Para mantener la vibración que nutres con estas prácticas, es fundamental que optimices tu estilo de vida para apoyarla. Con el propósito de elevar tu vibración, tu estilo de vida involucra tu dieta, rutina de ejercicios, tus relaciones y el estado vibratorio de tu casa... Y estas son las áreas en las que nos centraremos en este capítulo.

A menudo, ponemos demasiado énfasis en el uso de procesos energéticos y espirituales para elevar nuestra vibración, pero nos olvidamos de que cada elección que hacemos ya sea "espiritual" o no, afecta nuestra vibración. En este capítulo te ayudaré a evaluar la calidad vibratoria de tu estilo de vida y te proporcionaré pautas para optimizarlo.

Rueda del estilo de vida de alta vibración

La rueda de estilo de vida de alta vibración es una forma visual para evaluar la calidad vibratoria de los diferentes aspectos de tu estilo de vida, así sabrás en qué necesitas centrarte más. La rueda incluye las cinco áreas principales de tu estilo de vida: comida, ejercicio, pasatiempos y actividades diversas, relaciones y hogar. En cada categoría verás una escala del 1 al 10, que representa la frecuencia vibratoria general de cada área de la vida (el 1 tiene la vibración más baja, el 10 la vibración más alta). Para evaluar la calidad vibratoria de tu estilo de vida, usa lápices de colores o bolígrafos para colorear cada área hasta el número en el que te parezca que está actualmente. Por ejemplo, trabajas duro para mantener relaciones de alta vibración, puedes colorear el área de

Relaciones hasta el número 8 o 9, pero si necesitas trabajar más en ordenar tu casa, deberás darle a la sección de la casa una puntuación de 2 o 3.

Una vez que hayas coloreado tu rueda, lee la guía que te presento en las siguientes secciones para obtener ideas sobre cómo mejorar cada área, y usa tu diario para hacer una lluvia de ideas sobre un plan de acción.

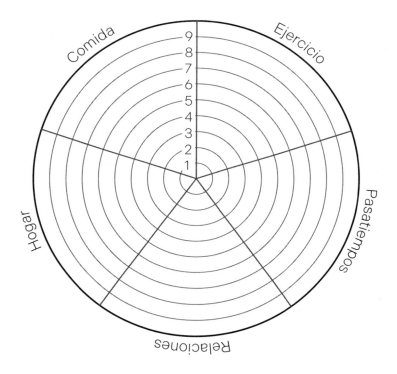

Alimentación y acondicionamiento físico

Tu cuerpo es el recipiente físico que tu alma eligió habitar en esta vida. Es tu alma manifestada en forma física para que pueda vivir con comodidad dentro de esta realidad espacio-temporal. Por lo tanto, para mantener tu vibración siempre alta, necesitas ir más allá de la mera práctica de procesos espirituales y asegurarte de que tu cuerpo físico también sienta una alta vibración.

No soy médico ni nutricionista, por lo que no estoy calificado para dar consejos sobre nutrición, ejercicios o salud física, así que en su lugar te compartiré el marco que utilizo para tomar decisiones saludables para mi cuerpo, así podrás efectuar tu propia investigación y elaborar el mejor plan para ti. La siguiente guía está destinada a inspirar tu viaje y darte pautas generales sobre lo que yo creo que es importante para mantener el cuerpo saludable y con una vibración alta.

Elige alimentos que nutran tu alma

La regla fundamental por la que vivo, cuando se trata de mantener alta la vibración del cuerpo físico, es que el cuerpo de cada persona es diferente. Por lo tanto, no hay reglas que funcionen para todos. Mi guía siempre ha sido escuchar los mensajes de mi cuerpo y ajustar mi dieta y mis hábitos de ejercicio en consecuencia.

Cuando comenzaba mi camino espiritual me sentí impulsado a convertirme en vegetariano. Había sido un ávido consumidor de carne durante años, pero después de un desafío vegetariano de una semana me encontré sintiéndome más ligero, más saludable y mejor de lo que me había sentido antes, así que decidí convertirme en vegetariano (pescateriano, para ser exactos) y lo he sido durante siete años. Tan pronto como regresé a Chipre pude sentir que mi cuerpo volvía a desear carne. En lugar de juzgar o resistirme a esto, una vez más escuché a mi cuerpo y pasé a una dieta mediterránea que incluía un equilibrio entre carne, pescado y verduras.

Cada vez que escuchaba a mi cuerpo, en vez de seguir ciegamente la guía de otras personas sobre lo que está bien o mal, era recompensado con una mejor salud, una vibración más alta y un incremento en mis habilidades psíquicas.

ACTÚA

¿Qué alimentos elevan tu vibración? ¿Qué alimentos la agotan? Lleva un diario de tus alimentos durante una semana y anota lo que comes y cuándo lo comes, así como la forma en que tu cuerpo se siente después de cada comida. Utilízalo como guía para hacer cambios positivos en tu dieta.

Haz ejercicio para sentirte bien

Considero que el ejercicio es esencial para mantener nuestra vibración alta. Existen razones tanto científicas como energéticas que lo respaldan. Desde una perspectiva científica, cuando hacemos ejercicio nuestro cuerpo libera sustancias químicas llamadas endorfinas, las cuales desencadenan una sensación positiva en el cuerpo y elevan nuestra vibración. Energéticamente, cuando tus músculos se microdesgarran después del ejercicio, para que puedan volver a crecer más fuertes, tu cuerpo pide energía vital para facilitar este proceso, lo que también eleva tu vibración.

Sin embargo, dado que cada cuerpo es diferente, no existe un ejercicio que sea adecuado para todos. A lo largo de los años, habiendo vivido en diferentes ciudades y países y pasado tiempo con diferentes personas, me deje influenciar por los hábitos de ejercicio populares entre la gente en cada lugar. En Londres, sentí la presión de correr en los parques, aunque no disfruto correr. En España, el ciclismo era popular, pero me resultaba aburrido. En Chipre, el gimnasio y el fisicoculturismo eran las normas. ¿Cuál es la tendencia de ejercicio en el lugar donde vives? ¿Alguna vez te has sentido presionado a seguirlo, aunque no lo disfrutes a plenitud?

Al final decidí que, en lugar de seguir las tendencias, haría ejercicio con el propósito de sentirme bien y verme bien según mis propios términos. Para mí, esto significó probar una gran variedad de rutinas de ejercicios, como yoga y entrenamiento de flexibilidad, clases de salsa y baile comercial, caminar en la naturaleza, nadar en el mar y levantar pesas en el gimnasio. Como resultado, no hago ejercicio solo porque sé que es bueno para mi salud y vibración; lo hago porque disfruto cada momento.

ACTÚA

¿Qué tipo de ejercicio te gusta hacer? ¿Qué es lo que no te gusta? Usa tu diario para hacer una lluvia de ideas sobre posibles rutinas de ejercicio agradables y pruébalas al mes siguiente. Una vez que hayas encontrado lo que funciona para ti, comprométete a hacer ejercicio de tres a cuatro veces por semana.

Pasatiempos y otras actividades

Por definición, tus pasatiempos e intereses son actividades que te interesan y ayudan a elevar tu vibración. Más allá de eso, nuestros pasatiempos e intereses, en especial los que teníamos cuando éramos niños, están alineados directamente con nuestro propósito de vida. La emoción de la felicidad está alineada con el propósito de la vida, de modo que cada vez que hacemos algo que nos hace sentir felices, seguimos al mismo tiempo nuestro propósito de vida.

Según mi experiencia, tendemos a tener muchos y diferentes tipos de pasatiempos cuando somos más jóvenes, pero a medida que crecemos y nuestras vidas se vuelven más complicadas, con el tiempo dejamos de lado la mayoría de ellos y priorizamos otras cosas. Cuando somos niños soñamos con hacer de nuestros pasatiempos e intereses nuestras carreras, pero estos sueños rápidamente son sofocados por las creencias basadas en el miedo y el adoctrinamiento social. Como resultado, dejamos ir nuestras pasiones y nos conformamos con las opciones profesionales seguras que, según nos prometieron, nos darían la felicidad que tanto anhelábamos.

Más adelante en la vida, después de seguir el camino profesional desalmado al que se nos dirigió, no encontramos la satisfacción que nos prometieron y comenzamos a buscar nuestra felicidad donde la dejamos: en nuestros pasatiempos y otros intereses.

Durante la mayor parte de mi vida me apasionaron las artes escénicas. Canté, bailé y actué, y soñaba con convertirme algún día en actor de teatro musical. Con el tiempo, cuando me di cuenta de que mi pasión por la espiritualidad era más fuerte que mi pasión por los escenarios, abandoné por completo el teatro y me concentré únicamente en construir mi negocio espiritual.

Ocho años después, tras publicar mis dos primeros libros y haber construido un negocio exitoso, me di cuenta de que me faltaba algo. A pesar de haber estado llevando a cabo todo tipo de procesos espirituales para mantener mi vibración alta, había una tristeza subyacente de la que no podía deshacerme. Y cuando me sintonicé, me sorprendió descubrir que aún echaba de menos el *performance*. Sí, la espiritualidad era mi propósito, pero también lo eran las artes escénicas.

Después de eso, me inscribí a clases de canto y baile, ¡y en el momento de escribir este capítulo estoy en mi segundo año en una escuela de teatro! Reavivar la pasión por la actuación llenó el vacío que había sentido y elevó drásticamente mi vibración.

ACTÚA

¿Cuáles son tus aficiones y actividades actuales? ¿Tienes alguna o las abandonaste todas en algún momento de tu vida? Usa tu diario para meditar sobre estas preguntas y elabora una lista de actividades que te gustaría practicar. Comprométete a probar al menos dos de estas actividades y observa cómo afectan a tu vibración.

Relaciones

Para conocer cómo es tu frecuencia vibratoria dominante, mira a las personas que te rodean. Mira a tu pareja, tus amigos, tu familia, tus colegas y tus conocidos, mira incluso a los extraños con los que interactúas a diario. Las personas en nuestra vida siempre están alineadas con nuestra frecuencia vibratoria, de lo contrario, la Ley de la Vibración no las habría traído a nosotros en primer lugar.

Con esto en mente, evalúa en qué medida las personas que te rodean representan la vida de alta vibración que quieres tener. ¿Las personas a tu alrededor son, en su mayoría, positivas, felices y están satisfechas, o se inclinan hacia la negatividad, la tristeza y el pesimismo? Sé que esto puede sonar bastante duro, pero si las personas que te rodean no encarnan la alta vibración que deseas tener, es tiempo de evaluar si todavía deben formar parte de tu vida. Si tomas en serio la idea de hacer prioritaria una vida de alta vibración, debes asegurarte de estar rodeado de personas que apoyen y amplifiquen tu vibración, en lugar de agotarla.

Si has vivido en una baja vibración durante un largo período de tiempo, entonces, naturalmente, has atraído a personas en esa misma frecuencia vibratoria. Pero ahora que estás listo para pasar página y elevar constantemente tu vibración, descubrirás que ya no resonarás con este viejo grupo de personas. Terminar o hacer la transición de estas relaciones los liberará a ambos y los ayudará a encontrar nuevas personas que coincidan con lo que quieren ser.

La razón por la que dudamos en terminar una relación es porque no sabemos cómo hacerlo con gracia. Pasamos mucho tiempo aprendiendo a crear relaciones satisfactorias, pero muy poco tiempo aprendiendo a terminarlas. He aprendido esto de la manera más difícil. Al no saber cómo terminar las relaciones con gracia, como adolescente y adulto joven, simplemente ignoré a las personas de las que quería distanciarme, lo cual, en el mejor de los casos, fue irrespetuoso y muy hiriente.

Poco a poco he aprendido a terminar las relaciones de manera elegante y asertiva, respetando tanto mis emociones como las de la otra persona. He aprendido a sentirme cómodo con las conversaciones difíciles, a hablar con empatía y a poner fin a las relaciones sin dejar de honrar el tiempo y las experiencias compartidas. Para conocer mi marco práctico y mi proceso energético de liberación de relaciones, lee mi libro *Protege tu luz*.

ACTÚA

Haz una lista de las personas en tu vida que disminuyen tu vibración o de las personas con las que ya no resuenas. Escribe un guion sobre la conversación que tendrás para terminar la relación o hacer una transición, respetando tanto sus emociones como las tuyas, y cuando sea el momento adecuado, ten esa conversación para terminar dicha relación con respecto.

Tu casa

Siempre me ha fascinado la forma en que el espacio físico contiene la energía. El *feng shui*, la práctica china de armonización del espacio, fue la primera modalidad espiritual que ejercí, a la tierna edad de 15 años. Más tarde, mi tesis universitaria en Geografía Humana versó sobre el espacio y la memoria, y sobre cómo nuestras experiencias se imprimen energéticamente en el espacio físico en el que vivimos. Por último, en mi entrenamiento como practicante de *Elemental Space Clearing*® con Denise Linn, aprendí a limpiar conscientemente la energía de los espacios e imbuirlos con energía nueva y positiva.

Mi viaje de más de 15 años estudiando la energía de los espacios me ha enseñado que el espacio físico en el que vivimos afecta nuestra vibración. A menos que se limpie, tu casa almacena diferentes tipos de apego de energía negativa en su éter, lo que cambia la vibración del espacio y, por añadidura, la tuya también. Tales apegos de energía tóxica incluyen la "energía de precesión" de los habitantes anteriores de la casa, sus propias energías residuales liberadas mientras vivían allí, la energía de los objetos cargados que has comprado, que te han regalado o que has heredado, así como espíritus de bajo nivel y más.

Asimismo, los objetos que no has usado durante un tiempo, que ya no amas o ya no representan en quién te has convertido, mantienen una energía estancada que reduce la vibración del espacio en el que se encuentran. Esta es la razón por la cual el "dejar ir para ser feliz" es una práctica tan popular y poderosa. Si alguna vez has visto uno de los muchos programas de televisión de limpieza, te darás cuenta de que las personas terminan ordenando no solo su casa, sino que experimentan una transformación de toda su vida. Esto se debe a que al ordenar también dejan ir las energías y las identidades pasadas que los detenían, por lo que ya son libres de hacer cambios positivos en sus vidas.

Como resultado, para apoyar tu viaje de vivir una vida de alta vibración, es importante ordenar y limpiar las energías de tu casa con regularidad. Si lo haces de manera efectiva, no solo creas un espacio que te ayuda a mantener alta tu vibración, también dejas que tu espacio te ayude a elevar todavía más tu vibración.

A fin de aprender un proceso fácil para ordenar tu casa, consulta mi libro *Be The Guru*, y para aprender a limpiar las energías de tu espacio, lee mi libro *Protege tu luz*.

ACTÚA

Haz una lista de todas las habitaciones de tu casa. Califica su vibración en una escala del 1 al 10, siendo el 10 la vibración más alta. Haz una lluvia de ideas sobre la forma de ordenarlas y limpiarlas regularmente para elevar su vibración.

12

TRANSMUTA LAS EMOCIONES NEGATIVAS

En el capítulo 4 presenté la escala de orientación emocional, tal como la enseñó Abraham-Hicks. Esta escala abarca las veintidós emociones principales que experimentamos los seres humanos, clasificadas según su frecuencia vibratoria. Aunque existen muchas más emociones que podemos experimentar, esta escala nos presenta un marco básico que puede ayudarnos a identificar dónde nos encontramos y hacia dónde nos podemos dirigir. En la frecuencia vibratoria más baja, sentimos miedo, dolor, desesperación, desesperanza e impotencia, mientras que en la frecuencia vibratoria más alta gozamos de alegría, aprecio, empoderamiento, libertad y amor.

A lo largo de la vida te encontrarás en diferentes puntos de esta escala. No importa si sigues la guía de los capítulos anteriores para nutrir constantemente las emociones en la parte superior de la escala, a fin de cuentas, eres humano. Habrá momentos en los que algo te desestabilice y ni siquiera tus momentos de gratitud podrán ayudarte a abrirte paso; es allí donde entra en juego el siguiente proceso, que te ayudará a resolver las emociones negativas persistentes para transmutarlas en otras positivas.

Comprende las emociones negativas

Todas las emociones negativas desean ser escuchadas y reconocidas, y tan pronto como eso pasa pierden su poder y nos volvemos capaces de sentir emociones más positivas. Esta es la razón por la que expresar nuestras emociones desahogándonos, escribiendo en un diario o llorando es tan efectivo para liberarlas. ¿No te sientes siempre mejor después de haber expresado una emoción negativa de alguna de estas maneras?

Hay muchos procesos que puedes emplear para liberar y transmutar emociones negativas. Algunos son prácticas guiadas y modalidades como la técnica de liberación emocional (EFT, por sus siglas en inglés), mientras que otros son procesos más simples, como experimentar un llanto catártico. Después de haber probado muchas prácticas y modalidades a lo largo de los años, he llegado a la conclusión de que, para transmutar verdaderamente los estados emocionales negativos, necesitamos ir más allá de simplemente expresarlos, a fin de identificar y desensibilizar su causa raíz.

Piensa en una emoción negativa como una cubeta que incluye varias experiencias de la vida y recuerdos en los que has sentido esa emoción, incluida la experiencia **específica** durante la cual sentiste esa emoción por **primera** vez. Estas experiencias pueden verse como huellas emocionales, ya que representan los momentos de tu vida durante los cuales estuviste inmerso en una emoción negativa específica. Desde esta perspectiva, debes identificar una emoción negativa presente y transmutar el recuerdo o los recuerdos durante los cuales experimentaste esa emoción por primera vez.

Por ejemplo, supongamos que tienes una discusión con un colega en el trabajo en la que sientes que te faltó el respeto, por lo que empleaste la Escala de Orientación emocional para descubrir que tu emoción dominante. Y, como resultado de esa experiencia, fue la ira. Puedes tratar de resolver esta emoción desahogándote con un amigo, escribiendo en tu diario sobre ello o usando el método EFT. Aunque puedas sentirte mejor temporalmente, es probable que no resuelvas la causa raíz de esa emoción. Como resultado, la próxima vez que tengas otra discusión y sientas que se te faltó al respeto, la ira resurgirá.

Por el contrario, al identificar la primera experiencia significativa durante la cual se imprimió la emoción de la ira, o una serie de experiencias, tendrás la oportunidad de liberar los fundamentos que sostienen ese sentimiento de enojo cada vez que se te falta el respeto.

Terapia Integral de Movimiento Ocular

La Terapia Integral de Movimiento Ocular (IEMT, por sus siglas en inglés) es un revolucionario modelo de psicoterapia desarrollado por el neurocientífico británico Andrew Austin, cuyo objetivo es liberar las emociones negativas mediante la identificación y desensibilización de las emociones perturbadoras y recuerdos que las originaron. Esta técnica, basada en las señales de acceso ocular de la programación neurolingüística y en la modalidad de Desensibilización y Reprocesamiento por Movimientos Oculares (EMDR, por sus siglas en inglés) utilizada con éxito en la terapia del trauma, logra transmutar completamente las emociones negativas y elevar la vibración emocional.

Descubrí la IEMT en el verano de 2020, tras atravesar un colapso emocional. Después de haber probado todas mis prácticas y modalidades habituales en vano, trabajé con un practicante de IEMT, y en solo cuatro sesiones había sanado emociones arraigadas a profundidad, traumas y creencias limitantes que había estado trabajando por liberar durante años. Quedé tan impresionado por los procesos que me capacité en la modalidad. Hoy en día, utilizo la IEMT en la mayoría de mis sesiones con clientes, ya que es, por mucho, el método más efectivo que he descubierto para liberar emociones negativas.

Inspirado por mi formación en la IEMT y en el deseo de profundizar en los ámbitos de curación del trauma y las creencias limitantes, procedí a formarme como especialista en trauma clínico y, posteriormente, obtuve una maestría en Psicología.

En el siguiente ejercicio te guiaré para que utilices la IEMT para transmutar las emociones negativas en positivas. La orientación que te brindo no te calificará ni certificará para practicar o enseñar la IEMT, solo te empoderará con una nueva herramienta que puedes usar para apoyar tu viaje de manifestación. Puedes leer más sobre el aprendizaje y la formación en IEMT en **www.integraleyemovementtherapy.com**.

Transmuta las emociones negativas con la IEMT

Cuando identifiques una emoción negativa intensa, tómate un tiempo en privado y califica la fuerza de esa emoción en una escala del 1 al 10, siendo 1 la más débil y 10 la más fuerte. Es importante hacer esto desde el principio, para que puedas evaluar la efectividad del proceso más adelante.

Una vez que tengas tu puntuación, hazte la siguiente pregunta:

¿Cuándo fue la primera vez que recuerdo haberme sentido así?

En lugar de elegir un momento general de tu vida, permite que tu mente regrese al primer recuerdo específico que surja. No es necesario que sea la primera vez que tuviste esa emoción, sino el primer recuerdo que tu mente te traiga en este momento.

Si no aparece ningún recuerdo específico, puedes preguntarte lo siguiente:

¿Cuándo fue la primera vez que recuerdo que alguien más se sintió así?

Tan pronto como tengas en mente el recuerdo específico, piensa en el recuerdo una y otra vez mientras mueves los ojos durante unos 30 segundos de la manera que se muestra a continuación.

Patrón de movimiento ocular

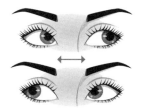 

Con la cabeza recta hacia adelante y con los ojos abiertos o cerrados, comienza moviendo los ojos de lado a lado, hasta los extremos, para que sientas un suave tirón de los músculos de los ojos. Asegúrate de mover solo los ojos y no la cabeza.

Luego, mueve los ojos en diagonal, desde la esquina superior derecha hasta la esquina inferior izquierda, y después en la otra diagonal, desde la esquina superior izquierda hasta la esquina inferior derecha.

Una vez que hayas movido los ojos durante unos 30 segundos en total, mientras piensas en el recuerdo específico, cierra los ojos y respira hondo dos veces. Cuando los abras, pregúntate:

¿Cómo me hace sentir ese recuerdo ahora?

Evalúa la emoción en una escala del 1 al 10. Es probable que notes que la intensidad de la emoción ha disminuido. Asimismo, el recuerdo que tenías puede haberse desvanecido de tu mente o parecer más lejano, o puede que ahora tengas una comprensión esclarecedora del mismo.

Si la puntuación emocional es superior a 3 sobre 10, repite el proceso una vez más, hasta que caiga a 3 o menos. Si la intensidad emocional persiste hasta una puntuación de 4 o más, es probable que haya un recuerdo más fuerte en el que tienes que trabajar. Si este recuerdo aún no ha surgido de forma natural mientras movías los ojos, vuelve a las preguntas iniciales y profundiza un poco más hasta que lo encuentres.

Cuando hayas terminado con el proceso, regresa a la escala de orientación emocional de la página 37 y encuentra la nueva emoción en la que te encuentras. Es probable que te encuentres en un estado emocional de alta vibración, uno que puedes amplificar fácilmente con gratitud y con tu práctica diaria de felicidad.

Contraindicaciones de la IEMT

La terapia IEMT es un proceso seguro para la mayoría de las personas, pero como en cualquier técnica, existen contraindicaciones que hay que tomar en cuenta. En concreto, no te recomiendo usar la IEMT si presentas alguna de las siguientes condiciones:

- ▷ Padeces o tienes antecedentes de enfermedad psicótica.
- ▷ Sufres de alguna enfermedad ocular activa o actual, como conjuntivitis, glaucoma, antecedentes de desprendimiento de retina o traumatismo reciente, como un "ojo morado".
- ▷ Eres víctima o testigo de un delito y es probable que debas testificar en cualquier proceso legal. La IEMT es un método que influye en la forma en que se recuerdan y codifican los recuerdos. Como resultado, la credibilidad de un testimonio de alguien que se ha sometido a un tratamiento con la IEMT podría ser objeto de escrutinio.

Redescubriendo la música en su corazón

Cuando Andreas acudió a mí por primera vez, arrastraba una tristeza persistente que lo había perturbado durante años, a pesar de sus mejores esfuerzos en terapia y desarrollo personal. Tenía un trabajo que le gustaba, estaba felizmente casado con Jane y tenía una familia amorosa. En apariencia, todo parecía estar en armonía, pero en lo profundo había una melancolía inexplicable que no podía comprender.

Nuestras sesiones comenzaron con el objetivo de identificar la fuente de su tristeza. Usando la IEMT profundizamos en su pasado y descubrimos un incidente de la infancia que había dejado una cicatriz permanente.

De niño, Andreas tenía una profunda pasión por el canto. Formó parte del coro de su escuela y participó en musicales. Sin embargo, un día su profesor de música lo humilló públicamente por haber olvidado la letra durante una presentación escolar. Este incidente lo llenó de vergüenza y lo llevó a dejar de cantar.

A lo largo de los años, Andreas siguió una carrera en bellas artes que, aunque le resultaba satisfactoria, no era su verdadera pasión. Poco sabía de su tristeza subyacente, que provenía de haber reprimido su amor por el canto y haberse desviado de su verdadero camino.

A lo largo de nuestras sesiones, Andreas comenzó poco a poco a liberar la tristeza y la vergüenza que había cargado durante años. Decidió enfrentarse a su miedo y se apuntó a clases de canto y con cada nota que entonaba, recuperaba una parte de sí mismo que había estado dormida durante demasiado tiempo. Unirse a una banda y actuar con frecuencia en un bar local le ayudó a reavivar su pasión.

Su viaje dio otro giro positivo cuando comenzó a cantar en bodas, compartiendo la felicidad de los demás mientras celebraba su alegría recién descubierta.

13

NEUTRALIZA LAS EMOCIONES NEGATIVAS

Otra forma de transmutar las emociones negativas es utilizar las Leyes de la Polaridad y la Neutralización y polarizarte a la contraparte emocional positiva de la emoción negativa que sientes. La Ley de la Polaridad establece que todas las manifestaciones, incluidos los estados emocionales, están en una escala vibratoria. Por lo tanto, donde sea que te encuentres en esa escala, tienes acceso a tus frecuencias vibratorias más altas y más bajas. Puedes usar la Ley de Neutralización para polarizarte a una emoción que te haga sentir mejor cuando te sientas deprimido, o para elevar tu emoción positiva existente cuando ya te sientas bien.

Polarizarte a una emoción positiva cuando sientes una emoción negativa es una forma rápida y efectiva de elevar tu vibración. Sin embargo, si solo dependes de este método para lidiar con las emociones negativas, corres el riesgo de negar o evitar la causa raíz de tu estado emocional negativo. La literatura espiritual está llena de soluciones rápidas para elevar nuestra vibración y, aunque funcionan a corto plazo, no nos ayudan a abordar los miedos arraigados en lo profundo y las creencias limitantes que están en el núcleo de nuestra vibración baja. Como resultado, conducen a la "derivación espiritual", término acuñado en la década de 1980 por John Welwood y definido como "la tendencia a usar ideas y prácticas espirituales para eludir o evitar enfrentar problemas emocionales no resueltos, heridas psicológicas y tareas de desarrollo inacabadas"

Por esta razón, es importante que utilices esta práctica, y cualquier otra práctica para elevar tu vibración, en combinación con el proceso IEMT del capítulo anterior u otro proceso que te ayude a resolver los problemas subyacentes de tus emociones negativas. Como regla general, si una emoción negativa es fuerte y aparece de manera consistente, es probable que un problema más profundo esté en juego y haya que investigar un poco más. Si una emoción negativa se siente más débil y solo aparece ocasionalmente, entonces es probable que no haya nada grave subyacente y por lo tanto puedes usar el siguiente método para neutralizarla.

Cómo neutralizar las emociones negativas

Sigue estos pasos para neutralizar cualquier emoción negativa que experimentes:

Paso 1: Identifica la emoción negativa

Utiliza la escala de orientación emocional del capítulo 4 para identificar qué emoción estás sintiendo exactamente. Si se trata de un estado emocional de tiempo atrás que requiere de un trabajo más profundo, vuelve al capítulo anterior y resuélvelo usando la IEMT. Si se siente como una emoción más débil y ocasional, continúa con el siguiente paso.

Paso 2: Elige una emoción de mayor vibración

Tras identificar tu emoción negativa, busca una emoción contrastante y de mayor vibración en la escala. Es importante tener en cuenta que el grado en que una emoción es positiva o negativa, es relativo. Por ejemplo, si sientes miedo, entonces la ira puede ser una emoción más positiva en comparación. Pero, por otro lado, si sientes alegría, entonces la ira sería una emoción negativa en contraposición.

Al elegir una emoción positiva contrastante, elige una que se sienta positiva y creíble desde tu punto de vista emocional actual. Para ser positiva, tiene que estar al menos un paso más arriba en la escala de orientación emocional donde te encuentres (y no más de cinco pasos arriba); y para ser creíble, necesitas sentir que es posible para ti dar ese salto emocional desde el lugar en el que te encuentras actualmente.

Por ejemplo, si acabas de perder tu trabajo y sientes la emoción de la incomodidad, no querrás elegir la emoción de la alegría. A pesar de ser una emoción positiva, es probable que no puedas dar el salto emocional antes de pasar primero por algunos otros estados emocionales. Y a la inversa: una emoción positiva y creíble para elegir ante la emoción de la indignidad, sería la ira o la decepción. Son emociones de mayor vibración de tu estado emocional actual, pero también saltos creíbles para dar de acuerdo al contexto de tu experiencia.

Paso 3: Polarización energética

Una vez que hayas elegido la emoción a la que quieres polarizarte, es importante que primero te conectes con ella energéticamente. Cada emoción tiene una frecuencia específica a la que puedes conectarte para acceder a ella de manera más fácil y efectiva. Me gusta visualizar la frecuencia de cada emoción como una nube vibratoria que flota alrededor de la atmósfera de la Tierra y a la que puedo conectarme o desconectarme usando cordones energéticos de apego.

Para conectarte con la frecuencia energética de la emoción que hayas elegido, entra en un estado meditativo cerrando los ojos y respirando hondo. Una vez que hayas relajado tu cuerpo y centrado tu energía, visualiza un cordón energético que se extiende desde tu cuerpo (puedes dejar que el cordón elija desde qué parte de tu cuerpo quiere extenderse; generalmente será uno de tus chakras) y llega al Universo, buscando la frecuencia vibratoria colectiva de tu emoción elegida.

Una vez que hayas encontrado esa frecuencia, deja que el cordón energético se conecte y se enganche a ella. Tan pronto como lo hayas hecho, sentirás que la energía fluye a través de la frecuencia colectiva de la emoción y a través del cordón energético hacia ti. Puedes recibir esta energía en forma de pensamientos, emociones o simplemente vibración. No lo dudes: confía en que el proceso se está llevando a cabo.

Permanece en este estado y recibe la transmisión de energía durante unos minutos. Cuando te sientas completo, abre los ojos y sal de la meditación. No cortes el cordón todavía, tendrás que estar conectado a este para el siguiente paso del proceso.

Paso 4: Polarización cognitiva

Ahora que te has conectado de forma energética con la frecuencia de tu emoción elegida, puedes proceder a polarizarte cognitivamente hacia ella. La polarización cognitiva tiene que ver con pensar conscientemente en ti mismo para sentir una emoción específica. En sí, evocas esa emoción ofreciendo pensamientos específicos que te ayudan a sentirla.

Con la emoción elegida en mente, pregúntate una y otra vez: "¿Cómo se siente esta emoción?". Puedes usar tu diario para escribir lo que te venga a la mente o simplemente puedes decir tus pensamientos en voz alta. El objetivo es generar pensamientos y emociones similares que te ayuden a comprender y encarnar la emoción. A los pocos minutos de hacer esta pregunta, te encontrarás cada vez más específico con los pensamientos y emociones que surjan. A medida que ganes impulso emocional, también te encontrarás sintiendo esa emoción en relación con lo que creó tu emoción original de baja vibración. Esto significa que estás transmutando bien la emoción anterior y polarizándote en la nueva. Mantén este proceso durante el mayor tiempo posible, pues se necesita para que sientas y encarnes a plenitud la emoción elegida.

Paso 5: Corta el cordón y polariza hacia arriba

Una vez que te hayas polarizado efectivamente con la emoción elegida, es hora de cortar el cordón energético que tienes y comenzar el proceso de nuevo eligiendo una emoción que te haga sentir aún mejor. El objetivo es polarizar cada vez más arriba en la escala hasta llegar a la emoción de la alegría, justo en la parte superior de la escala. Para cortar el cordón a la emoción existente, simplemente visualiza desde dónde se extiende este cordón en tu cuerpo y usa tu mano como un cuchillo o tijeras para cortar el cordón.

CONSEJO

Una vez que hayas neutralizado la emoción negativa que estabas sintiendo, y que ya hayas alcanzados emociones de mayor vibración en la escala emocional, puedes añadir el Paso 4 de este proceso a tu práctica diaria de felicidad. Por ejemplo, si has elevado tu vibración a la emoción de la alegría, entonces puedes nutrir conscientemente esa emoción a diario, ya sea reflexionando o escribiendo en tu diario la pregunta: "¿Cómo se siente esta emoción?".

En lo personal, tengo una pizarra en mi oficina que utilizo para esta práctica. Por lo general, escribo la emoción positiva que haya elegido en el centro, me concentro en la pregunta y creo un diagrama de árbol a su alrededor, con todas las emociones, pensamientos y actividades de sentimientos similares que me vengan a la mente. ¡En no más de 10 minutos lleno todo el tablero y encarno por completo la emoción que elegí!

En un momento de mi vida (cuando tenía más tiempo libre), pasaba horas practicando este ejercicio y alcanzando estados vibratorios cada vez más altos. Hoy, mantengo este proceso en mi caja de herramientas espirituales y lo uso cuando sea necesario.

A este ejercicio lo llamo "Imán enfocado de atracción", y puedes leer más sobre el mismo en mi libro *Be The Guru*.

El viaje de Montse: Del autosabotaje a la positividad

Cuando Montse reservó una sesión conmigo había llegado a un punto de quiebre con su propio comportamiento de autosabotaje, un patrón que la había atormentado desde que tenía memoria. Su crianza en un hogar tóxico rodeada de constantes quejas de sus padres había dejado un enorme impacto en ella.

Su madre lamentaba sus dificultades financieras, su agotamiento y la falta de apoyo, mientras que su padre se quejaba de su trabajo, el tamaño del apartamento y su vecino. Montse, sin saberlo, había absorbido esta negatividad y la había convertido en un hábito propio; se quejaba de casi todo. Este patrón se había arraigado tan profundo en su subconsciente que se sentía impotente para liberarse de él.

Las consecuencias de sus quejas crónicas eran evidentes. Siempre se sentía deprimida, e incluso cuando ocurrían eventos positivos en su vida, tenía una extraña habilidad para encontrar una nube oscura en cada resquicio de esperanza. Era como si estuviera saboteando su propia felicidad, por lo que con desesperación quería poner fin a ese comportamiento autodestructivo, pero no sabía por dónde empezar.

En una de nuestras sesiones reconocí que, dada su naturaleza pragmática, Montse necesitaba un enfoque gradual para abordar su negatividad condicionada. La guie a través de una meditación destinada a neutralizar sus emociones negativas y a elevar poco a poco su frecuencia vibratoria. La clave fue ayudarla y hacerla pasar de estados emocionales más bajos a otros cada vez más positivos, alineándose con su energía y convenciéndose conscientemente de ellos.

Lo que más me sorprendió fue lo efectivo que fue este proceso para Montse. Al principio tenía mis dudas sobre si su negatividad tan arraigada dominaría sus intentos de elevar su estado emocional. Sin embargo, la tarea de convencerse activamente a sí misma para que se sintiera mejor, le servía como amortiguador contra la resistencia de su ego y su inclinación para sabotear sus esfuerzos.

Montse practicó este proceso con diligencia hasta que finalmente pudo deshacerse del hábito de quejarse. La transformación fue notable, ya no se interponía en el camino de su propia felicidad. Comenzó a abrazar y a disfrutar plenamente las experiencias positivas que se le presentaban y, lo más importante, comenzó a atraer aún más positividad a su vida.

14

AMPLIFICA LAS EMOCIONES POSITIVAS

La Ley de la Polaridad establece que no hay límite para los polos de cada manifestación, por lo que no hay límite para lo alta o baja que pueda ser su vibración. En otras palabras, no hay límite para lo feliz que puedes ser. A medida que continúes con tu práctica diaria de felicidad y transmutes las emociones negativas que te surjan, encontrarás que tu frecuencia vibratoria general se eleva cada vez más. Con el tiempo, llegarás a un estado en el que tu vida se siente de alta vibración y estás contento la mayor parte del tiempo. Como resultado, tus deseos se manifestarán más fácilmente.

Resulta sencillo aceptar esto tal como se presenta y conformarse con una vida satisfactoria pero, ¿por qué no seguir ampliando los límites de tu felicidad? ¿Por qué conformarte con la satisfacción cuando puedes experimentar el éxtasis? Dado que no hay límite en cuanto a la altura a la que puedes elevar tu vibración, tampoco hay límite en cuanto a la rapidez o la facilidad con que puedes manifestar algo. El proceso que compartiré contigo en este capítulo te permitirá no solo abordar, sino amplificar el movimiento ascendente de tu alta vibración, para que puedas sentirte más y más feliz.

Polarízate con el Universo

Una vez que hayas alcanzado una de las emociones más altas en la escala de orientación emocional (alegría, aprecio, empoderamiento, libertad o amor), puedes amplificarla conectándote con la frecuencia del Universo, que tiene la frecuencia vibratoria más alta y está en constante aumento.

Cuando te polarizas a la vibración del Universo, elevas tu conciencia para elevarte por encima de los límites emocionales de tu ego y permites fusionarte con la frecuencia de tu ser interior y de la Fuente. Este proceso tiene el beneficio adicional de darte una perspectiva más amplia de tu experiencia de vida para que puedas neutralizar con mayor facilidad el retroceso de tu ritmo emocional, además de mantener una vibración alta, sin que las circunstancias de la vida te afecten de forma negativa.

Cómo amplificar y fundamentar tus emociones positivas

Sigue estos pasos para polarizarte a la frecuencia del Universo:

Paso 1: Identifica tu estado emocional

El primer paso del proceso es tomar conciencia de tu frecuencia emocional actual. Esto te dará una idea de dónde te encuentras vibratoriamente, así podrás medir cuánto ha aumentado tu vibración al final. Para ello, cierra los ojos y entra en un estado meditativo relajando el cuerpo y respirando hondo. Mientras lo haces, empieza a ser consciente de cómo te sientes y presta atención a las sensaciones, pensamientos y sentimientos de tu cuerpo. Puedes usar la escala de orientación emocional para averiguar la emoción que estás sintiendo exactamente.

Paso 2: Elévate a través del chakra corona

Después de tener una idea de tu estado emocional actual, el siguiente paso es elevar tu consciencia a la frecuencia del Universo. Para ello, trabajarás con tu chakra corona, que es el portal energético que facilita tu conexión con la Fuente. El chakra corona es un centro de energía que se encuentra en la parte superior de la cabeza, y su color es blanco puro o violeta.

Enfocando tu atención en tu chakra corona, visualiza un canal energético de luz blanca que se extiende desde él y llega hacia arriba, hasta el cielo, para conectarte con la frecuencia del Universo. Imagina este último como un glorioso palacio cristalino en lo alto del cielo, de donde emana una luz dorada etérea. Este palacio no existe en este mundo tridimensional ni en nuestra realidad espaciotemporal; más bien es una representación simbólica y vibratoria de la frecuencia del Universo, para que puedas conectarte fácilmente con ella.

Trae tu atención de vuelta a tu cuerpo y visualiza tu espíritu saliendo de tu cuerpo físico y elevándose desde el chakra corona a través del canal blanco de luz, hasta llegar al palacio cristalino. Mientras te elevas, sentirás que tu vibración se eleva también, ya que te liberarás de las limitaciones vibratorias de tu cuerpo físico y tu personalidad.

Paso 3: Disfruta del palacio cristalino

Al entrar en el palacio cristalino encontrarás una habitación con una hermosa decoración, rodeada de cristales etéreos de alta vibración que emanan una luz de diamante muy brillante. En el centro de esta habitación, verás un cómodo sillón hecho solo para ti, para que puedas sentarte y empaparte de esta energía gloriosa.

Mientras estés en el sillón, cierra los ojos, respira hondo y vacía tu mente. Debido a que ya estás en un estado de consciencia de alta vibración, descubrirás que es más fácil meditar allí que desde el interior de tu cuerpo físico. Quédate allí, meditando por un tiempo, y deja que tu consciencia sea imbuida y nutrida por la frecuencia del Universo.

Paso 4: Arraiga la nueva energía

Después de un tiempo, y una vez que sientas que tu vibración ha aumentado significativamente, sal de tu estado meditativo, abandona el palacio cristalino y deja que tu cuerpo vuelva a caer poco a poco en tu cuerpo físico. Tan pronto como estés de vuelta en tu cuerpo, comienza a mover tus dedos, muñecas, hombros y cabeza, y cuando estés listo, abre los ojos.

Antes de continuar con el resto del día, es importante que te aterrices para que tu cuerpo asimile este nuevo estado vibratorio. Para hacer esto, bebe un poco de agua, toca algo físico a tu alrededor y haz todo lo posible para llevar a cabo alguna actividad física, como caminar, correr u otro tipo de ejercicio.

Lo ideal es hacer este ejercicio durante al menos 21 días, para que pueda tomar impulso y polarizarte a un nuevo estado de alta vibración. Cuanto más tiempo lo hagas, más fuerte será tu conexión con la frecuencia del Universo y más fácil será para ti mantenerla y atraer experiencias que se alineen con ella.

A medida que cruces el umbral de una frecuencia vibratoria dominante a la siguiente, toda tu vida cambiará para reflejar tu estado interior. En retrospectiva, fui capaz de identificar claras etapas vibratorias que vinieron con su propio conjunto de estilo de vida, actividades y relaciones. Dependiendo de la frecuencia vibratoria dominante en cada época, atraía a personas, circunstancias y oportunidades que lo reflejaban.

Lo más importante es que mi capacidad para resistir los desafíos de la vida también dependía de mi frecuencia dominante. Año tras año, y a medida que practicaba conscientemente esta y otras prácticas del libro, he polarizado tanto mi vibración hacia el extremo de alta vibración del espectro, que me he vuelto bastante resistente a los eventos desafiantes y a las emociones negativas. No los he eliminado por completo de mi vida, eso no es deseable ni posible, pero mi conexión con la frecuencia Universal es tan fuerte que puedo recuperarme con rapidez.

El viaje de Grace: De la satisfacción a la transformación

Trabajar con otros sanadores siempre agrega una capa adicional de profundidad a mis sesiones; ellos entienden la energía y cómo aprovecharla, lo que facilita la colaboración en la creación de un gran cambio. Grace, una talentosa sanadora psíquica, no fue la excepción.

Grace se acercó a mí no porque estuviera insatisfecha con su vida o su trabajo; de hecho, estaba bastante contenta con su situación actual y con el camino en el que se encontraba. Sin embargo, se encontró en un punto en el que la satisfacción se había estancado, la vida la sentía estable pero poco emocionante. Estaba lista para ascender a un nuevo nivel, pero no podía encontrar el camino a seguir.

Mientras me conectaba con su energía, se hizo evidente que Grace no requería de una sesión típica de limpieza psíquica. Su campo de energía era cristalino; tan solo necesitaba activarse. Para impulsarla más allá del estancamiento emocional y energético, necesitaba una sintonía energética.

Guie a Grace a través de un proceso de aprovechamiento de la energía ilimitada del Universo conectándome con el palacio cristalino. Ella ya estaba familiarizada con esta frecuencia y a menudo la empleaba durante sus propias sesiones de sanación. Sin embargo, aún no la había incorporado a su práctica espiritual diaria. Este simple cambio se convirtió en un punto de inflexión para ella.

Los resultados fueron más que notables. Después de nuestra última sesión, Grace se embarcó en un viaje transformador. Escribió no uno, sino dos libros, lanzó un exitoso curso en línea y se aventuró en un viaje global, viajando y compartiendo su trabajo con personas de todo el mundo.

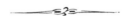

PASO 2
Aclara tus deseos

15

ENCUENTRA TU PROPÓSITO Y ESCOGE DESEOS ALINEADOS

Después de elevar tu frecuencia vibratoria dominante durante algún tiempo, estarás mejor preparado para recibir los deseos que estén alineados con tu propósito, con los contratos del alma y con la manifestación colectiva. Tu alta frecuencia vibratoria te habrá alineado con tu ser interior y la sabiduría Universal, los cuales ya están al tanto de estos factores y conocen el camino perfecto para que continúes así y cumplas tu propósito. Al mismo tiempo, por la Ley de la Correspondencia, tu alta vibración te da acceso a los planos mental y espiritual de la existencia, para que puedas recibir más orientación para aclarar y manifestar tus deseos.

Aunque en este momento aún seguirás retenido hasta cierto punto, por miedos y creencias limitantes relacionadas con tu condicionamiento, una vibración consistentemente alta es suficiente para ayudarte a recibir el conjunto correcto de deseos para ti en esta fase de tu camino. Tan pronto como los hayas aclarado, en los siguientes capítulos trabajaremos para liberar los miedos específicos y las creencias limitantes relacionados con tus deseos.

Cómo recibir tus deseos

En mi libro *Lightworkers Gotta Work*, comparto un proceso paso a paso, centrado en lo cognitivo, para encontrar y definir tu propósito de vida. En este capítulo, presentaré un enfoque energético para hacerlo, así como los deseos específicos alineados con el mismo.

Para recibir tus deseos, continúa con los siguientes seis pasos, desde la creación de un cordón hacia el palacio cristalino, hasta la identificación de los deseos alineados con el propósito de tu alma.

Paso 1: Crea un cordón hacia el palacio cristalino

Después de centrarte y conectarte a tierra, visualiza un cordón energético que se extiende desde tu chakra corona, en la parte superior de tu cabeza, hasta el cielo para conectarte con la frecuencia del Universo, el cual puedes imaginar como el palacio cristalino con el que te conectaste en el capítulo anterior. El objetivo es elevar tu vibración y anclarte a la frecuencia de la Fuente, para que puedas descargar tu propósito y deseos con facilidad.

Tan pronto como hagas la conexión, tendrás acceso directo a los seres espirituales y a tus propios guías en el plano espiritual de la existencia. Con la mente, llama a tu equipo espiritual para que venga y facilite la transmisión energética de tu propósito y deseos a través de tu cordón energético establecido. Sentirás, entonces, que la energía fluye desde el palacio cristalino, a través de este cordón, hacia tu chakra corona y todo tu ser. Dedica unos minutos a permitir que esta transmisión ocurra de forma natural.

Paso 2: Dirige la energía a través de tus chakras

Cuando recibimos guía, ideas o inspiración del Universo, hay un camino energético que esta guía sigue a través de nuestro cuerpo para que se manifieste en nuestras vidas. En primer lugar, una idea entra en nuestro campo de energía a través de nuestro chakra corona. A medida que desciende hacia nuestro chakra del tercer ojo, recibimos mensajes intuitivos que nos ayudan a desarrollar y expandir esa idea mentalmente. A partir de entonces, la energía se mueve hacia nuestro chakra de la garganta, que nos ayuda a expresarla a nosotros mismos y a los demás.

Luego, desciende a nuestro chakra del corazón, donde se infunde con nuestro amor y pasión por esa idea, antes de entrar en el chakra del plexo solar, lo que nos da la confianza y la motivación para comenzar a trabajar hacia ella. Luego, la idea se abre camino hacia el chakra sacro, donde se encarna y se prepara para nacer en el mundo. Por último, se arraiga en nuestro chakra raíz y en la Tierra, y luego se manifiesta en nuestra vida y en el mundo.

En el segundo paso de este proceso, guías conscientemente la transmisión energética de tu propósito y deseos a través de este camino energético para que puedas tomar consciencia de ellos con mayor facilidad, así como también para acelerar su manifestación.

Después de tomarte un tiempo para disfrutar de la energía de tu propósito y deseos que has recibido del palacio cristalino, dirige conscientemente esta energía a través de tus siete chakras. Comenzando con el chakra corona y moviéndote hacia abajo, deja que la energía permanezca en cada chakra durante al menos 30 segundos para que se metabolice por completo. A medida que la energía se mueva a través de tus chakras, podrás sentir diferentes sensaciones dentro de tu cuerpo. Esto es normal, es la forma en que tu cuerpo procesa la energía y se ajusta a estos cambios vibratorios.

Paso 3: Trae la energía hacia la Tierra

Después de que la energía haya sido metabolizada en tu chakra raíz, el siguiente paso es extender un cordón energético desde este y hasta la Tierra. Ya deberías tener un cordón energético que te conecte al núcleo de la Tierra desde el proceso de conexión a tierra que aprendiste en el capítulo 9, así que deja que esta energía fluya a través de tu cordón terrestre hasta que llegue al centro de la Tierra. Permanece en este estado durante al menos 30 segundos más para permitir que la energía se conecte por completo a tierra.

La razón por la que aterrizas la energía en la Tierra es para que puedas permitir que esta energía abstracta y las ideas que fluyen desde el Universo se traduzcan fácilmente en pensamientos, palabras, metas y pasos de acción específicos. A menudo, somos buenos para recibir la guía de la Fuente como energía, pero nos cuesta entenderla y explicárnosla a nosotros mismos y a los demás. Esto se debe a que no hemos permitido que la energía sea metabolizada por todos nuestros chakras y se arraigue en la Tierra.

Por último, llama a los seres espirituales de los planos mineral y elemental de la existencia para que intervengan y te apoyen. Como ya mencioné, los elementales son maestros manifestadores y expertos en convertir el pensamiento en materia. Pídeles que te apoyen en la manifestación de tus deseos y propósito, e incluso que infundan tu cordón terrestre con sus cualidades energéticas para acelerar el proceso de manifestación.

Paso 4: Integra la energía

Llegado este punto, habrás establecido una transmisión energética unidireccional de tu propósito y deseos desde el Universo, a través de tu sistema de chakras, hacia el centro de la Tierra. A través de cada paso del proceso, la energía se ha desarrollado y madurado y estarás listo para regresar de lo profundo de la Tierra a tu cuerpo, para que puedas traducir esto en conocimiento.

Con intención, visualiza cómo la energía de tus deseos y propósito en el centro de la Tierra comienza a abrirse camino hacia arriba para infundir tu cuerpo y aura. Tan pronto como hagas esto, habrás creado un flujo cíclico de energía, del Universo a la Tierra y de la Tierra a tu cuerpo. A medida que esta energía equilibrada se integre dentro de tu cuerpo y ser, informará a cada pieza de consciencia dentro de ti de tu propósito y deseos, para que puedas recibirlos con claridad.

Paso 5: Define tu propósito de vida

Tan pronto como hayas integrado la energía, sal despacio de la meditación. Estarás listo para definir el propósito de tu vida. Empieza por sacar tu diario o abrir un documento en tu computadora y escribir a destajo tus respuestas a las preguntas que se plantean a continuación. Es importante que no pienses demasiado al responder a estas preguntas y que escribas lo que te venga a la mente, incluso si no tiene sentido al principio. Tu ego querrá entrar y sabotear lo que venga; al escribir sin restricciones, evitarás que lo haga.

Dedica al menos 15 minutos a responder estas preguntas; hazlo de la manera más específica posible.

¿Para qué estoy aquí?

La mayoría de los trabajadores de la luz responden a esta pregunta vagamente, diciendo que están aquí para "ayudar a la gente a sanar" o "hacer un cambio positivo en el mundo". Aunque ambas afirmaciones son correctas, son parte de nuestro propósito colectivo como trabajadores de la luz, en vez de nuestro propósito de vida específico. Al responder a esta pregunta, concéntrate en los problemas específicos que puedas resolver o en los deseos que puedas ayudar a cumplir.

¿Por qué estoy aquí para hacer eso?

"¿Cuál es tu razón?" debe ser la pregunta más cliché del *coaching* de vida, pero hay una razón por la que se usa tanto. Sin una razón lo bastante fuerte como para apoyar tu propósito de vida, perderás rápidamente la motivación y el movimiento y terminarás renunciando. Sintoniza con tu alma y descubre el impulso o la motivación central detrás de lo que estás aquí para hacer. ¿Qué cambio creará tu propósito en el mundo? ¿Qué está en juego si no sigues tu propósito?

¿A quién he de ayudar?

Si tratas de ayudar a todos, terminarás no ayudando a nadie. Este principio, común en el mundo de los negocios, también se aplica en la vida y a tu propósito. Aunque tu propósito pueda servir a una amplia variedad de personas, debes identificar el nicho específico en el que te apasiona más ayudar. Ve más allá de las respuestas genéricas y averigua las características sociales, psicológicas y culturales de las personas que más se beneficiarán con tu propósito.

¿Cómo lo haré?

El cómo depende de tu experiencia actual y potencial. Si eres un sanador psiquiátrico como yo, el cómo puede implicar escribir libros, dar conferencias intuitivas privadas, hacer viajes de sanación e impartir talleres en línea. ¿Cuáles son las habilidades, talentos y conocimientos específicos que puedes utilizar para apoyar a tus clientes? Si aún no los tienes, haz una lista para que puedas empezar a aprenderlos.

¿Dónde lo haré?

¿Dónde te ves viviendo tu propósito? ¿Es en línea o de manera presencial? Si es en persona, ¿en qué país, estado o ciudad te ves? ¿O te ves siendo un nómada y enseñando en todo el mundo? Si deseas seguir tu propósito tanto en línea como de modo presencial, te sugiero elegir con el que se sientas más emocionado para comenzar. Con el tiempo podrás expandirte.

Cuando hayas terminado de escribir, lee tus respuestas e identifica los temas principales que hayan surgido. Dedica un poco más de tiempo después y usa tu mente lógica para desarrollar los detalles, y elabora tu declaración de propósito de vida en el siguiente formato:

Estoy aquí para ayudar [a quién], a vencer [qué], a través de [cómo], en [dónde], con el propósito de [por qué].

Por ejemplo, esta es la definición de mi propósito de vida basado en esta fórmula:

Estoy aquí para ayudar a los trabajadores de la luz a superar los miedos y las creencias limitantes que les impiden seguir su propósito, a través de prácticas espirituales, viajes de sanación y una guía intuitiva en línea, con el propósito de crear un efecto dominó que cree un cambio masivo y positivo en el mundo.

Antes de finalizar tu declaración, revísala usando tu cuerpo y tu intuición para asegurarte de que lo que has escrito resuena contigo. Tu sistema de guía emocional es el mejor juez para esto, ya que tu propósito siempre debe inspirar sentimientos de alegría y emoción.

Una vez que tengas tu declaración de propósito de vida, imprímela o escríbela en una hoja de papel y pégala en algún lugar donde puedas leerla a diario, para mantenerte en línea y conectado con ella.

Ya sea que lo que se te ocurra sea bastante vago o súper específico, es lo que estás listo para conocer sobre tu propósito en esta etapa de tu viaje. A medida que te comprometas con tu propósito y actúes en consecuencia, tu declaración también cambiará y se volverá cada vez más específica. Por lo tanto, es una buena idea revisar este proceso cada seis meses o un año.

Paso 6: Identifica los deseos alineados con tu propósito de vida

Ahora que has definido tu propósito, estás listo para recibir deseos específicos que estén alineados con él. Una vez que identifiques estos deseos, trabajarás en manifestarlos utilizando las prácticas de los siguientes capítulos. Con tu declaración de propósito de vida en mente, saca tu diario y vuelca todos los pasos que debes seguir y cumplir para tu propósito de vida. No te detengas en esta etapa del proceso, permítete escribir todos los deseos que te vengan a la mente.

Una vez que tengas una lista exhaustiva de deseos, revísalos y elige primero los que te parezcan más emocionantes y fáciles de manifestar. Al elegir, opta siempre por aquellos deseos que no solo te hagan sentir bien, sino con los que puedas obtener resultados rápidos. A menudo, elegir deseos más grandes desde el principio es una táctica de procrastinación y autosabotaje que puede resultar en darte por vencido y frustrarte.

Por último, revisa tu lista actualizada de deseos y elige entre tres y cinco deseos en los que enfocarte mientras lees este libro. Escribe tus deseos finales en tu diario o en una hoja de papel y léelos a diario para que puedas mantenerte alineado con ellos. Y ten a la mano tus listas anteriores, para que puedas revisarlas y elegir nuevos deseos a futuro.

El triunfo de Julie sobre el trauma

Cuando le pregunté a Julie sobre el propósito de su vida, al principio me dio una respuesta que me han dado incontables veces las personas con las que trabajo: "Quiero ayudar a la gente a sanar". Si bien esta aspiración es noble y compartida por muchos en un viaje espiritual, tan solo araña la superficie. Definir el propósito de vida va más allá de esta afirmación genérica; implica identificar el grupo demográfico específico al que se desea ayudar e identificar los problemas u obstáculos particulares que uno puede ayudar a sanar o superar.

En nuestra sesión, le expliqué este concepto a Julie y la guie a través del proceso energético y cognitivo que comparto en este capítulo, destinado a descubrir su propósito específico y alinearlo con sus deseos. Al final de la sesión, Julie había elaborado su declaración de propósito de vida con el más mínimo detalle. Lo que descubrió fue un talento único para ayudar a las mujeres a acceder a traumas sexuales pasados y sanarlos, camino con el que sintió una profunda conexión al ser sobreviviente de dicho trauma.

Julie siempre había sido una ávida lectora de libros de autoayuda y psicología sobre estos temas, pero nunca se le había ocurrido que sus propios desafíos pasados pudieran servir como instrumento para ayudar a otros a sanar. En nuestra sesión, Julie pudo descargar una serie de objetivos y deseos alineados con su nuevo propósito. El más importante de ellos fue la decisión de volver a estudiar y obtener un título en psicoterapia.

Hace poco me puse en contacto con Julie para conocer su progreso. Después de terminar con éxito sus estudios, se sometió a una formación especializada en terapia del trauma. Hoy trabaja en un centro comunitario local, donde dedica su tiempo a guiar a las mujeres en su viaje hacia el procesamiento y la sanación del trauma sexual. Además de su trabajo práctico, Julie está en el proceso de escribir un libro, a través del cual tiene la intención de compartir su historia personal y las herramientas que potenciaron su propio viaje de sanación.

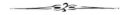

PASO 3

Libera tus creencias limitantes

16

IDENTIFICA TUS CREENCIAS LIMITANTES

Tras haber elevado tu frecuencia vibratoria general y haber aclarado tu propósito y deseos, el tercer paso hacia el proceso de manifestación consiste en identificar y liberar los miedos y las creencias limitantes que puedan obstaculizar el proceso de manifestación; lo que *El Kybalión* denomina como "transmutación mental". Para entender cómo los miedos y las creencias limitantes interfieren con el proceso de manifestación, primero hay que explorar de dónde vienen y cuál es su propósito.

A medida que llegas a esta encarnación, estás conectado por completo con la Fuente; por lo tanto, estás en gran medida libre de miedos y creencias limitantes, conoces tu propósito de vida y sabes que puedes crear lo que quieras. A medida que creces y eres adoctrinado por tu familia, por el sistema escolar y por la sociedad, tu conexión con la Fuente desaparece poco a poco y, en cambio, asumes miedos y creencias que no están alineados con tu verdadera naturaleza y propósito[6].

Las personas que conoces y las experiencias que vives moldean y fortalecen tus miedos y creencias limitantes, hasta que adquieren tanto impulso que se apoderan de tu realidad. Como resultado de creerlas, atraes a personas, circunstancias y

---

[6] También hay miedos y creencias limitantes que heredaste de tus vidas pasadas, pero la sanación de vidas pasadas va más allá del alcance de este libro. Dicho esto, es inevitable que muchos de los miedos y creencias limitantes que surjan durante este ejercicio estén relacionados con tus vidas pasadas. Trabajar a través de ellos usando las prácticas que siguen, en gran medida te ayudará a liberarte de ellos. Para liberar traumas, creencias limitantes y miedos específicos de vidas pasadas, echa un vistazo a mis talleres en línea y sesiones privadas en **www.georgelizos.com**

experiencias que las respaldan, lo que las hace sentir más verdaderas. Cuando deseas algo que no coincide con tus creencias limitantes, tu ego (la parte de ti que está desconectada de la Fuente y que ha asimilado estas creencias limitantes) entra en pánico y sabotea tus deseos a través de la resistencia, bloqueando su manifestación.

Estos son algunos de los miedos y creencias limitantes más comunes que surgen cuando estás listo para comenzar a manifestar tus deseos y propósitos:

No soy lo bastante bueno.
Necesito más entrenamiento.
No tengo tiempo ni dinero para hacerlo.
Tengo miedo de que la gente me juzgue.
Si cambio demasiado, mis amigos y familiares me dejarán.
Es algo que ya se ha hecho antes.

Podría seguir, porque la lista de creencias limitantes que escucho de la gente a diario en realidad es interminable. Cuando nos enfrentamos a la oportunidad de crear un cambio positivo, nuestro ego utiliza todos los trucos posibles para sabotear el proceso y mantenernos atrapados en el miedo y la mediocridad. A medida que trabajes en identificar tus miedos y creencias limitantes en este capítulo, así como en los siguientes, te darás cuenta de esta tendencia al autosabotaje y no dejarás que se interponga en el camino de tu crecimiento. En su lugar, utiliza las prácticas que te presento para hacer frente a estas creencias saboteadoras.

Los cinco porqués

La forma más fácil de identificar los miedos y las creencias limitantes que bloquean la manifestación de tus deseos es haciéndote preguntas sobre ellas y dándote cuenta de lo que surge a nivel mental, emocional y físico. Cuando nos enfrentamos a un deseo que contrasta con nuestro sistema de creencias actual, nuestra mente y nuestro cuerpo reaccionan de inmediato. Por lo general, sentimos tensión en el intestino, el corazón nos late más rápido y la boca se nos seca. Al mismo tiempo, nuestra mente recorre instantáneamente todos los pensamientos y creencias limitantes que nos dicen cómo no es posible que logremos tal deseo. Está al tanto de lo que sucede en tu mente y cuerpo a medida que avanzas en este proceso.

Revisa tu lista de deseos y propósitos del capítulo anterior, considera un deseo a la vez y hazte las siguientes dos preguntas:

¿Cómo me siento al manifestar esto?
¿Qué me impide manifestar esto?

Usa tu diario para anotar lo que surja: pensamientos, creencias, miedos u otras emociones.

Tan pronto como tengas una lista de miedos, emociones, pensamientos y creencias, elige los que te parezcan más fuertes y dominantes y pregúntate "¿por qué?" cinco veces. Preguntarte **por qué** temes o crees algo cinco veces te permitirá llegar a las creencias limitantes centrales que subyacen detrás de eso.

Los miedos y las creencias limitantes tienden a estar en capas, en el sentido de que tenemos creencias centrales como "no soy una buena persona", lo que crea creencias limitantes menores, o "no puedo hacer esto". Al preguntarte **¿por qué?** cinco veces, bajamos por las capas hasta llegar a la(s) creencia(s) central(es) que crearon creencias menores. Cuando trabajas en identificar las creencias centrales en lugar de solo las menores, matas dos pájaros de un tiro y aceleras el proceso de sanación.

En los próximos capítulos aprenderás prácticas cognitivas y energéticas para procesar y liberar tus creencias limitantes centrales.

17

LIBERA COGNITIVAMENTE TUS CREENCIAS LIMITANTES

Tras haber hecho el ejercicio de los "cinco porqués" en el capítulo anterior, habrás identificado una serie de creencias fundamentales que te habían estado impidiendo manifestar tus deseos y propósitos. Es probable que estas creencias limitantes incluyan pronombres personales, como "**yo** no soy lo bastante bueno", "**yo** no tengo talento", "la gente como **yo** no tiene éxito" o "no puedo **por mí mismo**". Estas creencias fundamentales no representan quién eres, sino quién has aprendido que eres como resultado de diversas experiencias y circunstancias en tu vida.

Al igual que con tus emociones, estas creencias centrales son como cubetas que contienen una serie de recuerdos pasados que ayudaron a crear y fortalecer tus falsas huellas de identidad. De la misma manera que usaste el método IEMT para identificar y desensibilizar recuerdos pasados que crean emociones negativas, también puedes hacerlo con tus creencias fundamentales. En lugar de usar el patrón de movimiento ocular que usamos en el capítulo 12, usaremos uno un tanto diferente para este ejercicio.

Cómo liberar las creencias limitantes con el método IEMT

Para ilustrar el proceso, tomemos como ejemplo la creencia limitante de "**yo** no tengo talento". En este caso, el pronombre utilizado es "yo", en "yo creo que no tengo talento". Para identificar la serie de recuerdos y circunstancias de la vida que llevaron a esa creencia, vas a hacerte una serie de preguntas. Es importante no pensar demasiado en estas preguntas, sino dejar que las respuestas surjan de forma natural. Tu cuerpo y tu ser conocen las respuestas y hacer las preguntas impulsará las respuestas.

Con la creencia central en mente, pregúntate lo siguiente:

Cuando piensas en ti (en "yo"), ¿dónde estás?

Tan pronto como preguntes esto, fíjate dónde sientes que estás. Puede estar en algún lugar dentro de tu cuerpo o fuera de este o incluso en algún lugar del pasado. No existen respuestas correctas o incorrectas a esta pregunta, así que permítete llegar adonde "yo" está.

Luego, pregúntate lo siguiente:

¿Qué edad tengo allí?

No pienses demasiado en esta pregunta y responde la primera edad de tu pasado que te venga a la mente.

Por último, continúa con una tercera pregunta:

¿Qué está pasando alrededor de esa edad?

Esta es la parte en la que accederás cognitivamente a una experiencia de vida, una circunstancia o un recuerdo específico que ha contribuido a la creación de tu creencia fundamental limitante. Deja que surjan los detalles de esta experiencia; si lo que surge es un recuerdo específico con una emoción negativa adjunta, vuelve al capítulo 12 y usa el proceso IEMT para transmutar las emociones negativas y si lo que surge es una circunstancia general de la vida sin un recuerdo específico adjunto, continúa con el patrón de movimiento ocular del siguiente paso.

Patrón de movimiento ocular

Con la cabeza alineada hacia adelante y solo moviendo los ojos, traza el signo del infinito (aparece a continuación) con los ojos. Es importante llegar hasta los bordes, hasta donde los ojos pueden estirarse, de modo que sientas un suave tirón de los músculos oculares. Mueve los ojos durante 15 segundos en una dirección y luego 15 segundos en la dirección opuesta. Este patrón de movimiento ocular te ayudará a reconfigurar tu percepción de estas experiencias, eliminando tu huella de identidad negativa y ayudándote a liberar tu creencia central.

Una vez que hayas terminado la práctica ocular (ya sea que hayas utilizado el proceso de movimiento ocular emocional o el de identidad), hazte las tres preguntas iniciales:

¿Qué edad tengo allí?

¿Dónde estoy?

¿Qué está pasando alrededor de esa edad?

La trayectoria habitual de este proceso implica comenzar a una edad más temprana y avanzar poco a poco hasta el momento presente, y después posiblemente hacia el futuro. A menudo, una vez que hayas llegado al momento presente o a un punto futuro en el tiempo, obtendrás una perspectiva más positiva de ti mismo, tus deseos y tu propósito. Una vez que hayas llegado a este punto, regresa a la creencia limitante central original y pregúntate si sigue siendo cierta para ti. ¡Lo más probable es que ya no lo sea! Para entonces, habrás identificado la mayoría de las huellas de identidad pasadas que crearon esta creencia central y las habrás desensibilizado, de modo que ya no respalden la creencia limitante.

Repite este proceso con todas tus creencias limitantes básicas hasta que las hayas identificado y liberado por completo. Cuando hayas terminado, procede a liberarlas energéticamente también. De eso hablaremos con más detalle en el próximo capítulo.

El viaje de Mark hacia unas relaciones saludables

Mark llegó a nuestras sesiones tras haber experimentado una serie de relaciones tóxicas y varios desamores. Anhelaba una relación satisfactoria con una persona de ideas afines, pero se encontró atrayendo una y otra vez a su vida a hombres no disponibles. El viaje de Mark estaba plagado de una creencia limitante central que le susurraba "no soy digno de amor", lo que continuamente socavaba sus citas. Nuestra exploración nos llevó a desentrañar las raíces de sus miedos y creencias limitantes, revelándonos una profunda conexión con sus experiencias infantiles.

A través del proceso IEMT, nos embarcamos en un viaje transformador para descubrir el origen del sufrimiento de Mark. Quedó claro que su creencia de indignidad arraigada en lo profundo se originó porque nunca recibió suficiente amor y atención de sus padres durante sus años de formación. Esta educación forjó un estilo de apego ansioso dentro de Mark, lo que lo llevó a la necesidad de sentir aprecio y a desarrollar una codependencia en sus relaciones. Desesperado por el amor, sin saberlo, alejó a sus parejas, perpetuando así un ciclo de decepción.

Con cada sesión IEMT, retiramos poco a poco las capas del pasado de Mark, revelando y liberando los recuerdos traumáticos que lo habían mantenido cautivo. A través de este proceso de sanación, comenzó a reconstruir su relación con sus padres, fomentando la comprensión, el perdón y, en última instancia, la autoaceptación. A medida que las heridas del pasado comenzaron a sanar, la percepción de Mark de su propia dignidad de amor cambió, allanando el camino hacia un cambio transformador.

Varios meses después de nuestras sesiones, recibí un mensaje de Mark rebosante de confianza y gratitud. Aún estaba soltero, pero abordaba la experiencia de las citas con una nueva perspectiva; ya no lo agobiaba el peso de ser apreciado ni la codependencia. Mark había aprendido a honrarse a sí mismo, a no buscar el apego demasiado pronto y a permitir que las relaciones se desarrollaran de forma orgánica. Descubrió el poder del amor propio y la importancia de establecer límites saludables, dándose cuenta de que la persona adecuada llegaría a su vida cuando fuera el momento adecuado.

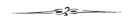

18

LIBERA ENERGÉTICAMENTE TUS CREENCIAS LIMITANTES

El error que cometen las personas al realizar trabajo interno es que solo se enfocan en los procesos cognitivos o emocionales y no abordan el componente energético detrás de sus creencias limitantes. Cuando adoptamos una creencia limitante, esta deja una huella energética dentro de nuestro campo energético. Al escanear la energía de las personas como parte de mis sesiones de limpieza psíquica, veo de manera clarividente estas creencias limitantes almacenadas como bloques de energía dentro de sus chakras, como cordones de energía conectados a la frecuencia colectiva de las creencias limitantes y bloqueos etéreos dentro de la capa mental de su aura.

Y a menos que identifiquemos y liberemos las huellas energéticas de nuestras creencias limitantes, es muy probable que resurjan con el tiempo. Esto se debe a que las creencias limitantes se manifiestan energéticamente primero, antes de convertirse en pensamientos, creencias y emociones. Para entender cómo funciona esto, piensa en tus creencias limitantes como mala hierba, donde las huellas energéticas de tus creencias limitantes son las raíces de la mala hierba, mientras que tu expresión cognitiva y emocional son los tallos y las hojas. Cuando hacemos el trabajo cognitivo y emocional, recortamos la mala hierba, pero a menos que la arranquemos, con el tiempo volverá a crecer.

Cómo identificar la huella energética de tus creencias limitantes

En la siguiente meditación podrás identificar las huellas energéticas de tus creencias limitantes y utilizar los procesos energéticos para eliminarlas por completo.

Paso 1: Activa tu visión de 360 grados

Después de centrarte y conectarte a tierra, lleva tu atención a tu chakra del tercer ojo, el cual es el centro de control de la intuición y la visión interior, y se puede visualizar como una bola de luz púrpura en el centro de la cabeza, entre las cejas.

A continuación, enciende tu visión interior de 360 grados. Aunque tus ojos físicos solo pueden ver lo que está justo frente a ti y la periferia, tu tercer ojo puede observar en todas las direcciones al mismo tiempo. Para ello, con los ojos cerrados, utiliza tu visión interior para percibir lo que tienes delante. Deja que tu imaginación guíe el camino y percibe lo que hay en el espacio físico tridimensional frente a ti, así como lo que hay en las dimensiones no físicas paralelas a este. Después de unas cuantas respiraciones, expande tu visión interior para percibir lo que está a tu derecha e izquierda, mientras mantienes tu percepción de lo que está frente a ti. Continúa expandiendo tu visión para percibir lo que está arriba, debajo y detrás de ti, hasta que puedas percibir en todas las direcciones al mismo tiempo.

Paso 2: Escanea tu campo de energía

Con tu visión de 360 grados activada, establece la intención de identificar las huellas energéticas de tus creencias limitantes. Luego, escanea tu cuerpo y tu aura de arriba a abajo, notando dónde te sientes atraído. Es posible que veas energía más oscura, telarañas etéreas o moco energético en diferentes partes de tus chakras, cuerpo y aura. Confía en lo que venga y no dudes de tu intuición. Tu ego querrá entrar para tratar de sabotear tus hallazgos, así que mantente alerta y no dejes que se interponga en tu camino.

A medida que identifiques cada bloqueo, podrás tener una idea de con qué creencia limitante se relaciona. También es posible que descubras creencias limitantes que no habías identificado cognitivamente. Confía en el proceso y, tras haber escaneado tu cuerpo e identificado todo, continúa con el siguiente paso.

Paso 3: Limpia la energía de tus creencias limitantes

Existen muchas herramientas de limpieza, procesos y guías espirituales con los que puedes trabajar para limpiar la energía de tus creencias limitantes. Consulta mi libro *Protege tu luz* o emplea un proceso con el que estés familiarizado. Para este ejercicio, usaremos la técnica de aspiración de energía.

Con los ojos cerrados, visualiza una aspiradora energética que tiene la capacidad de absorber la energía de tus creencias limitantes. Puedes llamar a uno de tus guías espirituales para que te apoye en este proceso. Con intención, enciende la aspiradora energética y dirígela a las diversas partes de tu campo energético, eliminando y transmutando todas y cada una de las creencias limitantes que hayas identificado con antelación.

Paso 4: Sella tu campo de energía

Después de limpiar la energía de tus creencias limitantes, necesitas sanar las cicatrices energéticas, las heridas y los agujeros que la eliminación de las creencias limitantes dejó en tu campo de energía. Limpiar los apegos energéticos es similar a someterse a una cirugía, en el sentido de que una vez que has sido operado, los médicos deben coser las heridas. Si te saltas este paso, corres el riesgo de que los bloqueos energéticos regresen o pases por una crisis de purga y curación tras la limpieza.

Para sellar tu energía, invoca al rayo verde esmeralda, una frecuencia de luz sanadora universal que se filtrará a través de las cicatrices de tu campo de energía para repararlas y sanarlas. Visualízate rodeado de un capullo curativo de luz verde esmeralda durante unos minutos o hasta que te sientas completo..

Una vez que hayas terminado con este proceso, poco a poco trae algo de movimiento a tu cuerpo y sal de la meditación.

Durante horas, o incluso una semana después de limpiar tu energía, podrás experimentar síntomas de purga o una crisis de sanación. Luego de liberar la energía de tus creencias limitantes y ajustar tu campo de energía, tu cuerpo y tu ser seguirán adelante y liberarán cualquier toxina restante relacionada con esto.

Podrías experimentar mal humor, aumento de pensamientos negativos o incluso síntomas similares a los de la gripe, como tos y secreción nasal; todo es parte del proceso, así que asegúrate de apoyarte con movimientos físicos, mucha agua y alimentos saludables.

La transformación de Jenna en una artista espiritual exitosa

Jenna era una artista talentosa con una profunda pasión por capturar la energía de las personas a través de la pintura. Anhelaba convertir sus esfuerzos artísticos en un negocio próspero, pero se vio frenada por una red de miedos y creencias limitantes. Pensamientos como "no soy lo bastante buena", "a nadie le gustará mi trabajo" y "ya se ha hecho antes" se reproducían con frecuencia en su mente, impidiéndole perseguir sus sueños.

Decidida a superar estas barreras, Jenna profundizó en diversas prácticas cognitivas, como la técnica de liberación emocional o *EFT tapping*, llevar un diario y la terapia cognitivo conductual. Aunque estas técnicas le proporcionaron cierto alivio, todavía se sentía atrapada bajo el peso de sus miedos.

Ayudé a Jenna a reconocer y liberar los apegos energéticos asociados con sus miedos y creencias limitantes. Estos apegos estaban enredados dentro de la capa mental de su aura y siempre conectados a la frecuencia colectiva de sus restricciones autoimpuestas. A través de una sesión de sanación transformadora, desenredamos estos cordones y Jenna se liberó de las garras de sus dudas.

Después de la sesión, Jenna experimentó un profundo avance. Con su mente ya no enredada en la duda, obtuvo claridad sobre cómo podía posicionar y comercializar sus pinturas de una manera que resonara con su audiencia deseada. Aunque aún quedaban restos de miedo y resistencia en su interior, ya no tenían el mismo poder sobre sus aspiraciones.

Así, Jenna lanzó su negocio, encarnando la esencia de una artista espiritual exitosa. Hoy en día, Jenna es un brillante ejemplo de cómo la combinación de la sanación cognitiva y energética puede transformar la vida de una persona.

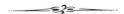

19

ACTUALIZA EL CAMBIO

El gran error que comete la gente cuando hace el trabajo interno es no respaldarlo con acciones. La transmutación mental no pretende solo completar un proceso cognitivo o liberar apegos energéticos; en realidad, eso es apenas el comienzo. Tras haber trabajado en tus creencias limitantes utilizando los dos procesos anteriores, habrás cambiado de forma significativa tu perspectiva mental, emocional y energética. Sin embargo, a menos que tomes medidas para actualizar estos cambios, tus creencias limitantes podrían resurgir.

Durante el período de crisis de sanación o poco después, es probable que el Universo traiga a tu vida oportunidades para ayudarte a consolidar tu transformación interior. Estas oportunidades pueden presentarse en forma de conversaciones que se te pide tener con personas, así como como cambios: un cambio de carrera, mudarse de casa, hacer un viaje, entablar o terminar una relación, etcétera. Es importante que te des cuenta de estas oportunidades cuando se presenten y que tengas el valor de llevarlas a cabo.

Muy a menudo el ego, en su último intento por sabotear nuestro crecimiento, crea obstáculos o excusas para evitar que realicemos estos cambios. Cuando surgen oportunidades de cambio es posible que pienses: "ya he trabajado en este tema" o "he liberado esto enérgicamente; no necesito hacer nada más al respecto". Cuando surjan estos pensamientos, recuérdate a ti mismo que el trabajo cognitivo y energético son solo los primeros pasos para el viaje de sanación. Para completar el proceso, es necesario dar pasos de acción físicos y palpables hacia adelante.

Para ello, unos días después de la liberación cognitiva y energética, toma como referencia las siguientes indicaciones para reflexionar sobre tu crecimiento:

- ¿Qué pasos de acción me siento guiado a tomar para abrazar mi nuevo yo?
- ¿En qué áreas de mi vida necesito hacer cambios para que reflejen mis nuevas creencias?
- ¿Qué conversaciones necesito tener?
- ¿Qué problemas de relación debo abordar?
- ¿Qué necesito liberar?
- ¿Cómo piensa, siente y se muestra ante el mundo mi nuevo yo?

Una vez que hayas elaborado un plan de acción y lo hayas escrito en tu diario, asegúrate de seguirlo todos los días y durante el tiempo que sea necesario para completar el proceso.

A futuro, ten en cuenta estas preguntas cuando emprendas cualquier forma de transmutación mental, ya sea cognitiva o energética, para que puedas seguir liberando tus creencias limitantes y apoyes el proceso de manifestación.

Cómo curé mis dudas y manifesté una vida sexual satisfactoria

Durante el verano de 2020, emprendí en un profundo viaje de sanación. Todo empezó cuando me enfrenté al rechazo romántico y sexual de hombres en los que estaba interesado, lo que desencadenó profundas dudas sobre mí mismo y las creencias limitantes que me habían perseguido desde la infancia. Mi mente se inundó de las palabras crueles y los nombres que mis acosadores me habían lanzado durante años: "eres feo", "estás gordo", "nadie te quiere", "¡eres un bicho raro!".

Decidido a superar por fin estas creencias asfixiantes, me embarqué en un camino de sanación cognitiva y energética. Me dediqué a sanar a mi niño interior, remodelar la percepción de mí mismo y cultivar una imagen positiva de mi persona. Empleé sobre todo técnicas como la IEMT, el *EFT tapping* y prácticas de sanación energética para transformar mi antigua identidad y abrazar una nueva versión de mí. Cuando terminé, me sentí una persona completamente renovada.

Sin embargo, cometí el error de volverme complaciente con mi avance y no tomé medidas para actualizar mi nuevo estado de ser. En lugar de salir y actualizar mi cambio interior con experiencias físicas reales, me conformé con solo reconocer su ocurrencia. Pero el Universo tenía planes diferentes para mí.

Cuando al fin volví a tener citas, meses después, caí en algunas de las mismas creencias limitantes que tan duro había trabajado para desechar. Por suerte, había experimentado suficiente sanación para enfrentar y superar tales patrones, así pude evitar que sabotearan mis experiencias. A partir de ese momento, y siguiendo mis viajes de sanación, me comprometí a empujarme más allá de mi zona de confort y a poner en práctica mis cambios internos.

Aunque los resultados no se manifestaron al instante y todavía me encuentro a menudo revisando ciertas dudas y creencias limitantes (como todos sabemos, el viaje de sanación es un proceso continuo), cada encuentro con dichas creencias debilita su control sobre mí, haciéndolas más manejables. Como resultado, los traumas de mi infancia ya no me detienen y ahora puedo disfrutar de una vida sexual sana y satisfactoria.

20

GENERA NUEVAS CREENCIAS DE APOYO

Después de identificar y transmutar tus creencias limitantes que bloquean la manifestación de tus deseos, tanto a nivel cognitivo como energético, el siguiente paso en el proceso de transmutación mental consiste en reemplazar tus creencias limitantes por otras nuevas y de apoyo. Si no generas estas nuevas creencias, podrías sentirte inclinado a regresar a las viejas, ya te encuentras familiarizado con ellas.

En cambio, cuando sigues adelante y se te ocurren nuevas creencias, le das a tu mente y energía algo nuevo en lo que puedes enfocarte y nutrir. De esta manera, ralentizas el impulso mental y energético de las viejas creencias y comienzas a construir un nuevo impulso positivo con las creencias de apoyo. Con el tiempo, una vez que las hayas asumido por completo y hayas nutrido su energía, se convertirán en parte de tu composición energética, de la misma manera que lo eran las creencias anteriores, y no tendrás que tratar de creerlas; solo serán parte de tu nueva realidad.

Cómo generar nuevas creencias

Sigue el proceso explicado a continuación para generar nuevas creencias de apoyo para tu vida y llenarla de energía.

Paso 1: Da forma a tus nuevas creencias

El primer paso para establecer nuevas creencias que respalden la manifestación de tus deseos, es plasmarlas en palabras. Para ello, revisa la lista de creencias limitantes que se te ocurrió en el capítulo 16 y transfórmalas conscientemente en creencias positivas.

Al hacerlo, es importante que tus nuevas creencias sean positivas y creíbles. Deben ser lo bastante positivas como para no limitar tus esfuerzos de manifestación, pero también deben ser creíbles, de modo que creerlas no parezca imposible. Si tus creencias son positivas, pero te parecen inalcanzables, es probable que te resulte más difícil asumirlas, o al menos te llevará más tiempo hacerlo.

Una estrategia útil es usar frases como: **"estoy en el proceso de..."**, **"me estoy volviendo más..."**, **"estoy poco a poco..."** o **"estoy abierto a..."**. Estas frases se refieren al proceso de cambio, más que afirmar algo absolutamente, por lo que de inmediato se sienten más creíbles y, al mismo tiempo, positivas.

Por ejemplo:

"No soy digno del éxito" podría ser "me siento más digno del éxito cada día".

"Necesito más entrenamiento antes de poder hacer esto" podría reformularse como "me estoy volviendo cada vez más capaz de lograr esto todos los días".

"No soy lo bastante bueno para escribir un libro" podría convertirse en "estoy en el proceso de convertirme en un mejor escritor".

Con el tiempo, a medida que te sientas más cómodo con estas nuevas creencias, podrás transformarlas en creencias más absolutas, pues estarás en una mejor posición cognitiva y emocional para aceptarlas.

Paso 2: Afirma tus nuevas creencias

Una vez que hayas expresado tus nuevas creencias, tendrás que creerlas. De la misma forma en que has liberado tus creencias negativas, tanto cognitiva como energéticamente, puedes trabajar en la creación de nuevas creencias de apoyo.

Mi proceso cognitivo favorito para nutrir nuevas creencias es el uso de afirmaciones. Las afirmaciones son declaraciones que haces sobre ti mismo. Las haces, naturalmente, todos los días al hablar con los demás sobre ti mismo, sobre tus creencias y sobre tu percepción del mundo. Hacer afirmaciones implica decirlas conscientemente en voz alta en un afán de encarnarlas y hacerlas parte de tu nuevo sistema de creencias.

Popularizadas por Louise Hay en su exitoso libro *Usted puede sanar su vida*, las afirmaciones positivas se han convertido en una herramienta popular para cambiar nuestras creencias y manifestar nuestros deseos. El proceso consiste en escribir una lista de afirmaciones positivas de las nuevas creencias que deseas adoptar y repetirlas en voz alta, generalmente mientras te miras al espejo. Verse en un espejo tiene el beneficio adicional de ayudarte a identificar cualquier posible creencia limitante que aún pudiese impedirte creer en las nuevas, para que puedas identificarlas y liberarlas. Como escribe Louise Hay en su libro *El poder del espejo*: "El espejo te devuelve los sentimientos que tienes sobre ti mismo. De inmediato te hace consciente sobre lo que estás resistiendo y dónde estás abierto y propenso a fluir".

Para mejorar aún más su eficacia, suelo expresar mis afirmaciones positivas mientras hago *EFT tapping* y me miro al espejo. El *tapping* o Técnica de Liberación Emocional (EFT, por sus siglas en inglés) es una modalidad de psicología energética que consiste en hacer *tapping* o dar golpecitos suaves con los dedos en diferentes partes de tu cuerpo mientras repites ciertas afirmaciones. Aunque suele asociarse con la liberación de emociones negativas, también se puede utilizar para amplificar las positivas. Por lo tanto, al combinar tus afirmaciones positivas con el *tapping*, obtienes el beneficio adicional de amplificar las emociones positivas provocadas por tus afirmaciones.

Lo ideal es practicar tus afirmaciones positivas a diario durante al menos 30 días, o el tiempo que necesites, para encarnar plenamente tus nuevas creencias. Además, revisa tu lista de afirmaciones y actualízalas con un nuevo conjunto de creencias para seguir mejorando tu sistema de creencias.

Paso 3: Conéctate con la energía de tus nuevas creencias

El paso final en el proceso de creación de nuevas creencias es encarnar su energía. En el capítulo 18 aprendiste a identificar y liberar el apego energético de tus creencias negativas desde dentro de tu campo de energía. En este paso, invertirás el proceso y, en su lugar, infundirás la energía de las nuevas creencias en tu energía.

Cada creencia, ya sea positiva o negativa, existe como una frecuencia colectiva en el éter del Universo. Piensa en estas frecuencias colectivas como nubes vibratorias con las que puedes establecer relaciones. En un estado mediático, deja que tu consciencia busque en el Universo para identificar la energía colectiva de tus nuevas creencias.

Con tus creencias positivas en mente, visualízate a ti mismo como un imán vibratorio que atrae la energía colectiva hacia ti. Deja que los cordones energéticos se extiendan desde tu cuerpo y se enganchen a sus frecuencias colectivas, creando una conexión permanente con ellos.

Tan pronto como lo hayas hecho, comenzarás a recibir pensamientos, emociones e impulsos que te ayudarán a encarnar esta energía. Disfruta de este estado por un tiempo, hasta que te sientas conectado con la energía de tus nuevas creencias. Cuando el proceso se sienta completo, comienza a mover lentamente tu cuerpo y sal de la meditación.

Cómo me salvaron la vida las afirmaciones positivas

A los 15 años, me encontraba en el suelo de mi habitación, con lágrimas en el rostro, sujetando un puñado de pastillas; estaba listo para quitarme la vida. Fue la culminación de dos años llenos de autodesprecio e incansables intentos por curarme de lo que creía era la aflicción de la homosexualidad.

Pero, en esas horas tan oscuras, una profunda comprensión me inundó como un susurro divino. Una voz desde mi interior me instó a soltar los grilletes de las opiniones de los demás y abrazar un amor y una aceptación radicales. No tenía una hoja de ruta que me guiara, pero confiaba en que la voz que me había salvado iluminaría mi camino.

Poco después de esa epifanía, me embarqué en un viaje espiritual de sanación y transformación personal. Herramientas, libros y sabios mentores espirituales parecían materializarse a cada paso, ofreciéndome métodos para reparar las heridas que me había infligido a mí mismo.

GENERA NUEVAS CREENCIAS DE APOYO

Entre las primeras luminarias que entraron en mi vida estuvo Louise Hay, maestra que dejaría una huella indeleble en mi viaje. Recuerdo vívidamente tropezar con su explicación atemporal del poder de las afirmaciones positivas. En *Usted puede sanar su vida* (que ya mencioné), Louise articula de una manera hermosa que las afirmaciones son como semillas: se plantan a través de la creación, se nutren de la repetición y nacen como flores que transforman nuestras vidas.

Aunque no lograba comprender del todo el mecanismo en función, sentí su verdad inherente y decidí darle una oportunidad. Al día siguiente, me apresuré a comprar el CD de afirmaciones de Louise: *101 pensamientos positivos y poderosos*. Desde el momento en que presioné *play*, me cautivó.

Durante todo un año escuché fielmente esa grabación de una hora todos los días, sin falta. Se convirtió en la banda sonora de mi vida; me acompañaba durante mis desplazamientos, resonaba en mi lugar de trabajo y me arrullaba suavemente para que me durmiera cada noche. Incluso escribí mis afirmaciones favoritas en notas adhesivas y las puse por todas las paredes de mi casa: en el espejo del baño, en la pantalla de mi computadora, incluso en el parabrisas de mi auto.

Ese CD se convirtió en mi obsesión y, a día de hoy, si reproduces alguna parte de la grabación, puedo decirte lo que viene después.

Después de un año de dedicación inquebrantable, algo extraordinario comenzó a ocurrir. Las afirmaciones se habían arraigado tan profundo en mi subsconsciente que comenzaron a manifestarse en mi realidad. Lo que antes era un sueño esquivo (creer que estaba en el lugar correcto, en el momento correcto y haciendo lo correcto), ahora se sentía como una verdad natural. La afirmación de "me amo y me acepto", en apariencia inalcanzable, se tornó en una expresión simple y genuina de mi ser.

Claro que la práctica de las afirmaciones engendró temores, frustraciones y resentimientos, pero los trabajé diligentemente para sanarlos y liberarlos. No obstante, oír la voz tranquilizadora de Louise afirmando que "todo se desarrolla en el momento perfecto, cuando estés listo", hizo que el viaje de sanación fuera mucho más suave de lo que podía haber imaginado.

Reflexionando sobre el viaje de mi vida hasta ahora, y considerando las profundidades de las que salí y la distancia que he recorrido, puedo decir de todo corazón que la obra de Louise Hay no solo alteró el curso de mi vida, sino que también me salvó. La historia que acabo de compartir es solo una fracción del profundo impacto que las enseñanzas de Louise han tenido en mi sanación y crecimiento a lo largo de los años. Cada vez que pierdo el rumbo, vuelvo a esa grabación sagrada que lo encendió todo para recordarme a mí mismo que "en realidad, la vida es simple" y que "todo está bien".

PASO 4
Nutre la energía de tus deseos

21

PLANTA TUS DESEOS EN TU CAMPO DE ENERGÍA

A lo largo del proceso de manifestación de cinco pasos has elevado tu vibración, has aclarado tus deseos, has liberado tus creencias limitantes y has creado otras, nuevas y de apoyo. El cuarto paso del proceso radica en nutrir la energía de tus deseos. Este paso está ligado a las Leyes de la Vibración y el Mentalismo.

La Ley de la Vibración establece que, para manifestar tus deseos, necesitas hacer coincidir consistentemente tu frecuencia vibratoria con la frecuencia de tus deseos. La mayoría de los procesos de manifestación se enfocan en este paso e incluyen procesos como la visualización, los *vision boards* y las secuencias de comandos para ayudarte a elevar tu vibración a la frecuencia ideal para alcanzar tus deseos. Si bien todos estos son procesos efectivos que empleo en mi práctica de manifestación, también utilizo procesos basados en la energía, los cuales amplifican mi frecuencia vibratoria en relación con deseos específicos, acelerando así su manifestación.

La Ley del Mentalismo establece que la manifestación tiene lugar cuando el creador se involucra o se envuelve en la energía de su deseo, un proceso llamado involución o efusión. En este proceso, el creador dirige la energía hacia la imagen mental de su creación hasta reunir suficiente impulso energético para que se exprese de manera física. Aunque este proceso ocurre naturalmente durante todos los días, a medida que transcurre la vida podemos usarlo de una manera más consciente, cuando manifestamos deseos específicos.

Combinando la Ley de la Vibración y la Ley del Mentalismo, al envolvernos en nuestros deseos y dirigir la energía hacia ellos, hacemos coincidir nuestra frecuencia vibratoria con la frecuencia específica de nuestros deseos. Mientras que los procesos habituales de manifestación, como la creación de secuencias de comandos y los *vision boards*, nos ayudan a hacerlo de manera física, los procesos energéticos trabajan en un nivel más sutil para alquimizar la manifestación de nuestros deseos.

Cómo plantar tus deseos en tu campo de energía

Sigue los tres pasos a continuación para plantar tus deseos en tu campo de energía.

Paso 1: Conoce la energía de tus deseos

Puesto que ya tienes una imagen mental o una intención clara de cuáles son tus deseos específicos, el siguiente paso es involucrarte en su creación dirigiendo la energía hacia ellos y haciendo coincidir tu vibración con la suya. Para entender cómo funciona esto de una manera más visual, piensa en tus deseos como orbes de energía. De la misma manera que tu cuerpo físico, así como todas las cosas físicas que te rodean, tienen una presencia energética, conocida como el aura o campo de energía, lo mismo ocurre con tus deseos. Cuando te vuelves consciente y te familiarizas con los campos de energía de tus deseos, puedes invitarlos a tu presencia, conectarte con ellos, infundirles tu energía y hacerlos tuyos.

Para lograrlo, mientras estás en un estado meditativo, invita a la energía de tus deseos a entrar en tu campo energético. Puedes decir algo como: "Invoco la energía de mis deseos para que venga a mi presencia". Una vez que establezcas tu intención, sentirás que tus deseos se iluminan como orbes de energía a tu alrededor. Si aparecen lejos de ti, usa tu intención para acercarlos hacia ti.

Comienza con un deseo a la vez y dedica algún tiempo a observarlo y conocerlo energéticamente. En concreto, fíjate en su color, su textura, su densidad, el sonido que emite, el sabor que pueda tener, la forma en que se siente y el tipo de pensamientos que te viene a la mente cuando los percibes. Este proceso te permitirá comprender tus deseos a nivel energético y así podrás acceder a su energía y moldearla con mayor facilidad.

Paso 2: Conecta tus deseos a tu campo de energía

Una vez que conozcas la energía de tus deseos, el siguiente paso consiste en conectarlos a tu campo de energía. Esto implica visualizar un cordón energético que se extiende desde la energía de cada deseo y se conecta a tu cuerpo energético, por lo general, a uno o más de tus chakras. Para hacer esto, simplemente establece la intención de vincular tus deseos a ti y visualiza los cordones extendiéndose y uniéndose a ti.

En lugar de unirlos a chakras específicos, siempre dejo que mis deseos elijan con qué chakra u otra parte de mi cuerpo quieren hacer la conexión, y solo observo y recuerdo su elección.

Paso 3: Haz coincidir tu frecuencia con la frecuencia de tus deseos

Una vez que hayas adherido tus deseos a ti, concéntrate en el intercambio energético que naturalmente comenzará a tener lugar. Tu conexión energética permite que la energía fluya en ambos sentidos, de modo que puedes infundir tus deseos con pensamientos, imágenes y energía específicos, y tus deseos pueden infundir su propia comunicación energética contigo a través del cordón. Permanece en esta posición por un tiempo y observa cómo se produce este intercambio energético.

Para amplificar este proceso, invita conscientemente a la energía de tus deseos a que sea parte de tu propia energía. Siente la frecuencia vibratoria de cada deseo y ve cómo fluye a través del cordón energético hacia su campo de energía, sintonizándolo también a esa frecuencia. Imagina estas energías como vitaminas vibratorias que se filtran a través de cada poro de tu ser y que te sintonizan con la frecuencia de tus deseos. Mientras se lleva a cabo esta transmisión energética, es probable que sientas que tu vibración cambia; es importante mantener el cuerpo relajado y respirar hondo para permitir que este proceso se lleve a cabo de forma natural.

A medida que sintonices tu frecuencia con la frecuencia de tus deseos, también podrás empezar a recibir descargas de ideas o acciones a seguir para materializarlos. Permanece atento a estas descargas y toma nota de ellas después de la meditación.

Cuando esta transmisión se sienta completa, poco a poco lleva algo de movimiento a tus manos y hombros y abandona el estado de meditación. Asegúrate de tener tu diario cerca para que puedas tomar notas de la ubicación energética de tus deseos, los chakras a los que están conectados y cualquier otra idea y paso de acción que surja.

La importancia de plantar tus deseos en tu campo de energía

En su libro *Libera tu magia*, Elizabeth Gilbert sostiene que las ideas (y en consecuencia los deseos) son entidades vivientes inteligentes cuyo único propósito es manifestarse:

"Creo que nuestro planeta está habitado no solo por animales y plantas y bacterias y virus, sino también por ideas... Las ideas son una forma de vida incorpórea y energética. Las ideas pasan la eternidad girando a nuestro alrededor, buscando parejas humanas disponibles y dispuestas. Cuando una idea cree que ha encontrado a alguien (digamos, a ti) que podría ser capaz de traerla al mundo, la idea te hará una visita. Tratará de llamar tu atención (tal vez por unos momentos, tal vez unos meses, incluso durante años), pero cuando por fin se dé cuenta de que eres ajeno a su mensaje, pasará a otra persona".

La teoría de Elizabeth concuerda con la Ley del Mentalismo, que dilucida la relación entre los aspectos energéticos y físicos de nuestros deseos. También arroja luz sobre las repercusiones de no plantar nuestros deseos en nuestro campo energético. Si no nos comprometemos activamente con la energía de nuestros deseos, plantándolos y tomando medidas concretas para manifestarlos, buscarán nuevos anfitriones.

En el pasado, en innumerables ocasiones, he concebido ideas para nuevos libros y cursos en línea, solo para verme obstaculizado por otros compromisos y, con el tiempo, descubrir que alguien más se me adelantó. Al reconocer que los deseos son entidades vivientes, desarrollé conscientemente el hábito de plantarlos en mi campo de energía y nutrir mi conexión con ellos a diario. En consecuencia, mantengo estos deseos ocupados, hasta que llegue el momento de dedicarles el tiempo y la energía necesarios.

Sin embargo, es importante reconocer que no puedo mantenerlos confinados dentro de mi campo de energía por tiempo indeterminado. Si no se manifiestan, de manera inevitable encontrarán una manera de escapar, lo que alimenta mi impulso para darles vida. En la actualidad, tengo dos ideas para el título de mi próximo libro plantadas con firmeza dentro de mi campo de energía. Y para asegurar su compromiso continuo y evitar su partida, activo su energía utilizando las prácticas descritas en los capítulos siguientes, al mismo tiempo en que participo de la investigación diaria.

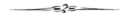

22

ELEVA LA VIBRACIÓN DE TUS DESEOS

Plantar tus deseos en tu campo de energía es una forma poderosa de nutrir su frecuencia vibratoria y alinearte con ellos. Este proceso energético también apoya y amplifica la efectividad de tus otros procesos de manifestación, como llevar un diario, visualizar tus deseos o hacer afirmaciones positivas.

En este y durante los próximos tres capítulos también te enseñaré cuatro procesos energéticos avanzados que puedes emplear para nutrir y amplificar aún más tu conexión energética con tus deseos. El primer proceso tiene que ver con conectar la energía de tus deseos a la frecuencia colectiva de los estados emocionales para acelerar su manifestación.

Por ejemplo, si tu deseo tiene que ver con manifestar a tu pareja ideal, puedes conectar la energía de este deseo con la frecuencia emocional del amor o la alegría. La frecuencia colectiva de una emoción abarca la totalidad de cada pensamiento, emoción, creencia o experiencia relacionada con esa emoción que alguna vez ha sido pensada, sentida y experimentada por todo y por todos a través del tiempo y el espacio.

La frecuencia colectiva del amor contiene la totalidad de cada pensamiento, emoción, creencia o experiencia amorosa que haya existido. Al sintonizarte con esa frecuencia, te alimentas de esa energía, lo que eleva la frecuencia de tu deseo y apoya su manifestación.

Cómo elevar la vibración de tus deseos

Sigue estos pasos para elevar la vibración de tus deseos al conectarlos con las frecuencias emocionales:

Paso 1: Elige las frecuencias a las que has de conectarte

Antes de conectar tus deseos a frecuencias específicas, primero tienes que elegir las frecuencias adecuadas para cada deseo. Para hacerlo, comienza por hacer una lista con los deseos que ya has plantado en tu campo de energía. Al revisar cada deseo, considera qué estados emocionales beneficiarían a cada deseo y, por ende, ayudarían a su manifestación.

Para encontrar las emociones correctas, pregúntate: "¿Cómo me haría sentir tener este deseo?", y escribe las emociones que te vengan a la mente. Luego, sigue preguntándote: "¿Cómo se sienten estas emociones?", y observa qué emociones similares surgen. Con el tiempo, estas preguntas te llevarán a la firma emocional de cada deseo; o sea, la emoción o emociones exactas que describen cómo te haría sentir la manifestación de cada deseo. Lo ideal es elegir un máximo de tres emociones por cada deseo.

Paso 2: Engancha tus deseos a las frecuencias elegidas

Después de elegir las mejores frecuencias emocionales para tus deseos, entra en un estado meditativo y saca a relucir las energías de tus deseos dentro de tu campo energético. Con la intención de conectarlos con las frecuencias colectivas elegidas, visualiza cuerdas energéticas que se extiendan desde el centro de la energía de cada deseo y lleguen al Universo, con el fin de hallar las frecuencias colectivas de tus emociones que hayas elegido para que tus deseos puedan engancharse a ellas.

Tan pronto como te conectes a las frecuencias colectivas, sentirás una transmisión de energía de la frecuencia colectiva a la energía de tu deseo y, por último, a tu propia energía. Esta será una transmisión de pensamientos, emociones, energía e impulsos, todos enfocados en dar vida a tus deseos y que elevará la frecuencia vibratoria tanto de tus deseos como de ti mismo y, en última instancia, acelerará el proceso de manifestación. Establece la intención de que tus deseos permanezcan conectados a estas frecuencias durante el tiempo que sea necesario para que se manifiesten.

Paso 3: Disfruta de la energía y recibe

Antes de salir de la meditación, asegúrate de disfrutar de la energía de estas conexiones durante al menos diez minutos. Durante este tiempo, respira hondo y permite que tus deseos y tu ser se carguen de la energía colectiva de tus emociones elegidas. Sé consciente de los pensamientos, ideas e impulsos en torno a las formas en que puedes actuar hacia la manifestación de tus deseos y anótalos en tu diario después de la meditación.

Cuando el proceso se sienta completo, poco a poco mueve tu cuerpo y abandona la meditación.

Cómo manifesté este libro: Primera parte

La forma en que manifesté la publicación de este libro atestigua la eficacia del proceso. Aunque este libro fue publicado un año después de *Secrets of Greek Mysticism,* en realidad, lo escribí dos años antes. Cuando presenté *Secretos ancestrales de manifestación* a mi editor, se me dijo que el libro era demasiado avanzado para ser publicado en ese momento, por lo que me pidieron que presentara una idea de libro distinta, con la esperanza de publicar el mismo más adelante. Por lo tanto, temporalmente dejé de lado otro libro (*MSK*) y me concentré en la investigación y publicación de *Secrets of Greek Mysticism*. Sin embargo, no estaba listo para renunciar a *Secretos ancestrales de manifestación*. Sabía que estaba guiado a escribir este libro por una razón de peso, y no iba a dejar que un editor determinara su fecha de salida. Sabía que tenía que encontrar un editor que creyera en él tanto como yo, por eso estaba listo para seguir adelante sin dudarlo.

Entonces, al plantar la energía de este libro en mi campo energético, identifiqué las frecuencias emocionales necesarias para su manifestación, me conecté con ellas y fortalecí esa conexión a diario durante dos años. Habría sido fácil dar por sentada la palabra de mi editor, decepcionarme y abandonar este libro por completo; no obstante, la activación constante de la frecuencia de su manifestación me mantuvo enfocado y motivado.

Con pleno conocimiento y confianza en las leyes del Universo, sabía que el libro se manifestaría cuando fuera el momento adecuado, siempre y cuando yo cooperara para ello. Eso fue lo que me ayudó a lograr la activación de la frecuencia emocional de su manifestación.

23

CONECTA CON PERSONAS ÚTILES

Además de conectar tus deseos a las frecuencias emocionales, también puedes conectarte energéticamente con personas, empresas y organizaciones que te ayuden a manifestarlos. Como explico en el capítulo 7, la manifestación es un proceso colaborativo que implica la cooperación de varios factores a fin de dar vida a un deseo, lo que Abraham-Hicks conoce como componentes cooperativos.

Una categoría de estos componentes cooperativos son las personas dispuestas a apoyarte en tu viaje, ya sean conscientes o no. Gran parte de la literatura sobre manifestación sugiere que manifestar algo depende solo de nosotros y de nuestra frecuencia vibratoria. Si bien esto es cierto en buena medida, como expliqué en el capítulo 7, existen muchos componentes diferentes que contribuyen a la manifestación, siendo nuestra vibración solo uno de ellos.

Al conectarnos energéticamente con personas que puedan apoyarnos en nuestro viaje, cambiamos nuestra mentalidad del egoísmo de la manifestación a la colaboración. Esto alivia la presión y la responsabilidad de manifestar todo por nosotros mismos y, por su parte, nos permite ser uno de los muchos componentes cooperativos que trabajan juntos para dar vida a nuestros deseos.

Es importante enfatizar que conectarnos energéticamente con personas que pueden apoyarnos en nuestro viaje no implica manipularlos para que lo hagan. En lugar de hacer conexiones forzadas, nos acercamos energéticamente y permitimos que las personas que deseen apoyarnos se conecten con nosotros y nuestros deseos.

Estas conexiones tienen lugar a nivel espiritual y energético; por lo tanto, puede que no conozcamos a las personas con las que nos estamos conectando o a las que llegamos a conocer en la vida real. En cambio, hacemos acuerdos espirituales para apoyarnos unos a otros a través de elecciones y pasos de acción que jueguen un papel en la manifestación de nuestros deseos y propósito de vida.

La Ley de Causa y Efecto establece que todas las manifestaciones son meros efectos de causas anteriores, lo que significa que detrás de cada manifestación ha habido una miríada de causas que condujeron a su expresión. Desde esta perspectiva, al conectarnos con personas que nos sean útiles, nos acercamos conscientemente a una serie de causas que contribuirán y acelerarán los efectos de la manifestación de nuestros deseos.

Cómo conectar tus deseos con personas útiles

Sigue estos pasos para conectar conscientemente tus deseos con personas, empresas y organizaciones útiles que puedan apoyar su manifestación:

Paso 1: Extiende los filamentos energéticos por el mundo

Una vez que estés en un estado meditativo, visualiza la energía de tus deseos dentro de tu campo energético. Dedica algún tiempo a volver a familiarizarte con ellos y a sentir la transmisión de energía entre tú y tus deseos.

Una vez que lo hayas hecho, visualiza cientos de delgados filamentos energéticos que se extienden desde la energía de cada deseo hacia todo el mundo. Piensa en estos como exploradores energéticos que buscan personas, empresas y organizaciones que te apoyen y puedan ayudarte a manifestar tus deseos. Son filamentos, en vez de cordones, porque no deseas que todos se conecten a las personas y empresas con las que se conectan. En vez de ello, tales filamentos harán un contacto inicial para medir el grado en que estos entes son capaces y están dispuestos a apoyarte en la manifestación de tus deseos.

Pasa unos minutos en este estado y deja que los filamentos energéticos busquen por todo el mundo y encuentren el grupo adecuado de personas con las que has de conectarte.

Paso 2: Establece conexiones energéticas con anfitriones dispuestos

Una vez que los filamentos hayan encontrado anfitriones cooperativos, harán una conexión más permanente con ellos y se convertirán en cordones. En lugar de tratar de controlar este proceso, simplemente deja que suceda de forma natural. Solo presta atención a los filamentos y observa los que se retiran y se desvanecen, así como los que se adhieren y comienzan a volverse más gruesos.

Una vez que los filamentos comiencen a volverse más gruesos y se conviertan en cordones, facilita conscientemente un flujo energético desde ti hasta las burbujas de energía de tus deseos, y de allí a los anfitriones a los que se han conectado. También es probable que sientas un intercambio energético, ya que los anfitriones también te envían energía. No es necesario que dediques tiempo a identificar quiénes son estos anfitriones, solo confía en que son personas, empresas y organizaciones que te ayudarán activamente a manifestar tus deseos.

Con el tiempo, todos los filamentos que no pudieron hacer una conexión se desvanecerán y te quedarás con una selección de cordones que conectan tus deseos con personas útiles, tal como lo imaginaste. Pasa algún tiempo disfrutando de este estado y sintiendo el intercambio energético que tiene lugar; cuando el proceso se sienta completo, dale algo de movimiento a tu cuerpo y sal de la meditación.

Cómo manifesté este libro: Segunda parte

A lo largo de los muchos años que he practicado la manifestación consciente, me he dado cuenta de que, cuando el momento se encuentra maduro para la manifestación, ¡las cosas se tornan intensas con rapidez! Ese fue precisamente el caso de la manifestación de *Secretos ancestrales de manifestación*. Sabine, editora de Findhorn Press, y yo, estuvimos discutiendo el libro durante varios meses, pero organizar una reunión para ultimar los detalles parecía difícil de alcanzar. Tomando como una señal del Universo que había otros factores en juego, decidí dejarlo ir y confiar en que todo se desarrollaría en el momento adecuado.

A la par, ya había establecido múltiples cordones energéticos con personas y entidades de apoyo, incluyendo a Sabine y Findhorn Press. Activé y alimenté estas conexiones una y otra vez durante meses.

Una tarde, mientras meditaba, recibí un claro golpe psíquico para enviarle un correo electrónico a Sabine sobre el libro. Se trataba de una descarga inequívoca y urgente que exigía una acción inmediata. Después de concluir mi meditación, le escribí a Sabine de inmediato y, aunque parezca increíble, en apenas diez minutos me respondió, preguntándome si podíamos tener una reunión por Zoom en ese mismo instante. El Universo lo había orquestado todo a la perfección; tuve una cancelación de sesión de última hora que me permitió atender la llamada de inmediato.

La reunión fue muy buena; llegamos a un acuerdo sobre los términos y Sabine me ofreció un contrato para un libro. Por si fuera poco, una semana después, en julio de 2023, justo después de completar mi ritual de manifestación de luna llena (durante el cual activé específicamente la energía del libro), recibí la oferta oficial de Sabine por correo electrónico.

A lo largo de meses de comunicación, hubo varias veces en las que podría haber renunciado a mi deseo. Por lo general, cuando presento libros u otros proyectos, envío a los editores uno o dos correos electrónicos, y a menudo me doy por vencido si no recibo una respuesta rápida. Sin embargo, el hecho de que los filamentos energéticos que había enviado a Sabine y a Findhorn Press prosiguieran y se convirtieran en cordones duraderos, me aseguró que había un interés genuino. Al mantener esas conexiones activadas continuamente, trabajé en colaboración con el Universo para dar vida a este libro, en perfecta alineación con el tiempo destinado.

24

RECIBE AYUDA DE LOS SERES ELEMENTALES Y ESPIRITUALES

El tercer proceso para amplificar el poder de manifestación de tus deseos consiste en conectarte con seres elementales y guías espirituales que te ayuden a su manifestación.

La Ley de la Correspondencia explica que hay fluidez entre los planos físico, mental y espiritual. Por lo tanto, al elevar nuestra vibración, tenemos la oportunidad de conectarnos, comunicarnos y recibir ayuda de seres físicos o espirituales en cada plano. Durante este proceso, alcanzarás conscientemente la conexión energética con tales seres, lo que te permitirá amplificar tu poder de atracción y acelerar la manifestación de tus deseos.

Cómo conectar tus deseos con seres elementales y espirituales

Sigue estos pasos para conectar tus deseos con seres elementales y espirituales que puedan ayudarte con tu manifestación:

Paso 1: Sintoniza con la frecuencia de tus deseos

Antes de conectar tus deseos con los componentes cooperativos que puedan ayudar a tu manifestación, tómate un tiempo para meditar y reconectarte con ellos una vez más. Mientras estés en meditación, trae a tu mente la imagen visual o emocional de los orbes energéticos que has plantado en tu campo de energía. Recuerda su composición y características energéticas, los chakras a los que están conectados y las emociones a las que los has vinculado.

Es importante volver a familiarizarte con el trabajo que has hecho hasta ahora para que puedas conectar tus deseos con los guías espirituales que están en sintonía con ellos. Pasa algún tiempo en este estado, sintiendo el intercambio energético entre tú y tus deseos, y permite la transmisión de energía entre las frecuencias emocionales con las que los conectaste.

Paso 2: Conéctate con el plano mental y el espiritual

Como se explicó en el capítulo 3, los seres elementales en el plano mental de la existencia, así como los diversos ángeles, dioses y diosas y otros seres espirituales en el plano espiritual, pueden ayudarte a controlar tus deseos. En esta parte del proceso, elevarás tu vibración para conectarte con ambos reinos, de modo que puedas conectar fácilmente con los seres que deseen apoyar tu viaje de manifestación.

Para conectarte con los seres elementales dentro del plano mental de la existencia, extiende cuatro cordones de apego desde tu chakra raíz y conéctate con la frecuencia colectiva de los cuatro elementos físicos: tierra, aire, fuego y agua. Mientras te conectas con cada elemento, permite que tu mente y cuerpo se fusionen energéticamente con la energía de cada elemento. Para ello, experimenta cómo se sentiría ser cada elemento y llena tu mente de imágenes del mismo. Por ejemplo, mientras te atas al elemento agua, siente cómo se sentiría ser agua y deja que tu mente se imagine ríos, lagos y hasta el océano. A medida que te conectas con cada elemento, permite que la energía de los elementos y sus elementales fluya a través de estos cordones y hacia tu cuerpo.

Para conectarte con los seres espirituales dentro del plano espiritual de la existencia, extiende un cordón energético desde tu chakra corona y deja que llegue hasta el éter y se conecte con el palacio cristalino con el que te conectaste en el capítulo 14. En lugar de viajar a través del cordón hasta el palacio, tan solo deja que la energía de la Fuente fluya hacia abajo, a través del cordón, y sature tu cuerpo.

Al infundir tu ser con energía, tanto del reino elemental como espiritual, de inmediato obtienes acceso a los seres elementales y espirituales que habitan en cada reino. Dedica algún tiempo a disfrutar de este estado de conexión y toma consciencia de cómo cambia tu frecuencia vibratoria como resultado de esto.

Paso 3: Invita a los seres elementales y espirituales a que te apoyen

Después de un tiempo conectado a la frecuencia del espíritu y los elementos, podrás empezar a sentir que varios seres elementales y espirituales buscan conectar contigo. Con la mente, o en voz alta, establece tu intención de querer conectarte con seres elementales y espirituales que estén dispuestos y sean capaces de apoyarte en la manifestación de tus deseos.

Si ya estás familiarizado y en contacto con estos seres, te será más fácil sentir su presencia y comunicarte con ellos. Dedica un tiempo a fijarte en quién se presenta y con qué deseos están interesados en apoyarte.

Si no tienes experiencia trabajando con los elementales y otros guías espirituales y necesitas orientación, aquí tienes una lista de guías populares que puedes consultar.

Seres elementales

Desde una perspectiva espiritual, la Tierra tiene el mismo espíritu y consciencia que los seres humanos. Cada aspecto de la consciencia en el mundo natural sirve como puerta de entrada a la energía pura y positiva de la Fuente. Ya sean plantas, flores, árboles, rocas, ríos, el mar o el viento, todos poseen espíritu, energía, consciencia y ser, al igual que nosotros. "Los elementales" es un término colectivo para los espíritus y entidades de la naturaleza.

Los elementales se clasifican en cuatro grupos principales:

> ▷ Los elementales de la tierra supervisan nuestras interacciones con el mundo físico y abarcan aspectos como las finanzas, el hogar, el cuerpo y los sentimientos de seguridad y protección. Son excelentes aliados para manifestar la prosperidad financiera y fomentar una conexión arraigada con nuestra existencia en este planeta. Comúnmente conocidos como gnomos o hadas, los elementales de la tierra incluyen gnomos, elfos, dríades de árboles,

ninfas del bosque, hadas de las flores, dragones de tierra y gigantes de la montaña.

▷ **Los elementales del aire** dominan nuestros pensamientos y creencias, incluidos aquellos relacionados con vidas pasadas. Nos ayudan a dejar ir pensamientos y creencias limitantes y hacen que la guía divina fluya libremente. Si trabajan en conjunto con los elementales de fuego, ayudan a reducir el estrés para encontrar la paz interior. El término colectivo para los elementales de aire es sílfides, que incluye el fénix, los cuatro vientos del norte, sur, este y oeste, los dragones del aire y los espíritus de la brisa del desierto, la montaña, el valle y el océano.

▷ **Los elementales del agua** son los responsables de nuestra sexualidad, nuestras emociones y nuestras relaciones. Encarnan la divinidad femenina y nos guían a través de nuestro paisaje emocional. Como hábiles expertos en relaciones, nos enseñan a manejar las emociones reprimidas, a ser vulnerables y a cultivar conexiones significativas. Conocidos colectivamente como ondinas, los elementales del agua abarcan sirenas de océano, lagos y ríos, *selkies*, *kelpies*, dragones del agua, ninfas de agua y duendes.

▷ **Los elementales del fuego** gobiernan los ámbitos del cambio, la manifestación, la motivación, la transmutación y la transformación. Representan a la divinidad masculina y están encargados de infundirnos valor para perseguir nuestras aspiraciones y nuestro propósito de vida. Las salamandras, término colectivo para los elementales de fuego, incluyen seres poderosos, como el fénix, el núcleo de la Tierra y los dragones volcán, así como los dragones del amanecer, del mediodía y del atardecer.

La anterior no es una lista exhaustiva de seres elementales, sino más bien una lista de los que suelen trabajar más con los seres humanos para la manifestación. Es posible que hayas notado que el fénix es tanto un elemental de fuego como de aire; esto se debe a que es un elemental mezclado o compuesto y está conformado por ambos elementos. Además del fénix, hay muchos otros elementales compuestos con los que puedes conectarte. En lugar de limitarte a ti mismo apegándote solo a los enumerados, deja de lado tus expectativas y observa lo que aparece.

Seres espirituales

Con respecto a los seres espirituales, puedes encontrar ángeles y arcángeles, maestros y maestros ascendidos, ancestros, seres estelares, dioses y diosas, y almas gemelas de vidas pasadas, entre otros. Una vez más, no te límites a buscar la conexión solo con los que ya mencionamos, mejor mantente abierto a ver quién aparece.

Cuando los seres elementales y espirituales aparezcan, te harás una idea de ellos a través de tus cinco sentidos. Dependiendo de tu forma principal de recibir orientación intuitiva, es posible que los veas, sientas o escuches, o simplemente sepas que estás en su presencia. Conectarse y comunicarse con el mundo de los espíritus es otro tema y requiere de más lectura y entrenamiento. Para empezar, lee mi libro *Secrets of Greek Mysticism* y únete a mi programa en línea *Intuition Mastery School*®, en **www.georgelizos.com/intuition-mastery-school**.

En la medida en que te des cuenta de los seres que se ponen en contacto contigo, tómate un tiempo para conocerlos, comprender su propósito y ver con qué deseos están presentes para apoyarte y cómo lo harán.

Paso 4: Recibe energía y dirección de tus guías

Una vez que te hayas familiarizado con los guías espirituales que aparecieron para apoyarte, invítalos a cargar las energías de tus deseos con frecuencias y orientación que favorezcan su manifestación.

Para hacerlo, extiende los cordones energéticos de tus deseos a fin de conectarte con los guías espirituales, y deja que el guía los cargue con su energía y orientación. Mientras se lleva a cabo esta transmisión, es posible que obtengas ideas y descargas sobre pasos de acción específicos que puedes llevar a cabo para manifestar tus deseos. Permanece atento a ellos y asegúrate de anotarlos en tu diario. Es posible que tus guías espirituales también deseen realizar una ceremonia de limpieza, sanación u otra ceremonia espiritual contigo. Solo recuerda que estos guías espirituales ya han dominado la manifestación y tienen en su arsenal procesos y técnicas que aún no podemos entender, así que mantente abierto a su guía y deja que hagan su magia en ti.

Cuando la transmisión de la guía se sienta completa, agradece a tus guías por su apoyo y pídeles que permanezcan contigo hasta que tus deseos se manifiesten a plenitud. Poco a poco, mueve tu cuerpo y sal de la meditación.

Nota sobre los guías espirituales

El mundo de los espíritus es un reflejo del mundo físico, por lo que puedes encontrar espíritus que no compartan tus mejores intereses. Por tal razón, es importante tener suficiente formación y discernimiento antes de abrirte a los seres espirituales. Para aprender a protegerte de los apegos y ataques negativos de los espíritus, lee mi libro *Protege tu luz*.

Para este proceso, te presento algunas pautas esenciales que puedes seguir con el fin de diferenciar entre guías espirituales benévolos y guías espirituales malévolos:

- ▷ Conectarse con guías espirituales benévolos siempre debe sentirse como algo positivo, expansivo y lleno de amor.
- ▷ Los guías espirituales nunca deben pedirte que te hagas daño a ti mismo o que dañes a otra persona.

▷ Los guías espirituales nunca deben **exigir** que hagas algo. Ellos entienden que tienes libre albedrío y por eso solo te aconsejarán.

Si algún guía espiritual actúa fuera de estas pautas, de inmediato corta el cordón que estableciste con él o ella, pasando tu mano física a través del cordón. Después, procede a centrarte y enraizarte para recuperar el control total de tu presencia energética y tu poder.

De la fiesta al propósito

Durante mi segundo año de universidad, estando lejos de casa, en un país extranjero y solo, me sentí atraído por la típica cultura de la fiesta estudiantil. Beber en exceso y salir de fiesta todos los sábados por la noche se convirtió en una rutina semanal para mí.

Cada semana me despertaba sintiéndome culpable por mis acciones, prometiéndome a mí mismo que nunca repetiría tal comportamiento. Sin embargo, siempre rompía esa promesa y hacía caso omiso de las señales que el Espíritu me estaba enviando. Estas señales eran claras y persistentes: "¡Deja de beber y comprométete con tu práctica espiritual!" Por desgracia, elegí ignorarlas, hasta que un evento dramático me empujó a reconsiderar mis acciones..

Una noche fatídica, mientras me preparaba para otra velada de fiesta, pisé por accidente una plancha caliente para alisar el cabello que una visita que recibí por el fin de semana había dejado en el suelo. La quemadura fue grave; me dejó una ampolla enorme en el pie y estuve confinado a la cama durante toda una semana. Cuando intenté reventarme la ampolla antes de tiempo, me provocó una infección que me hizo cojear durante todo un mes.

Esta dolorosa experiencia se convirtió en una llamada de atención, así que por fin presté atención a las señales del Universo. Fue un punto de inflexión para mí; tomé la firme decisión de dejar de beber por completo. Esa noche fue la última vez que me emborraché un sábado, y pasaron años antes de que siquiera considerara tomar otro sorbo de alcohol.

RECIBE AYUDA DE LOS SERES ELEMENTALES Y ESPIRITUALES

Si bien no había conectado conscientemente mis deseos y propósito con mis guías espirituales en ese momento, me comprometí a seguir mi propósito y les pedía ayuda a diario. Como resultado, mis guías comenzaron a enviarme señales cada vez más grandes, tratando de captar mi atención y guiarme por el camino correcto. Con el tiempo, las señales se hicieron tan grandes que no tuve más remedio que escucharlas.

Hoy en día, gracias a una práctica más consciente y diaria de conectar mis deseos a guías espirituales específicos, puedo recibir orientación a cada momento sobre las acciones que necesito tomar para manifestar mis deseos. Además, sé que, incluso si no veo ciertas señales, mis guías encontrarán la manera de comunicármelas; y aunque no siempre las comprendo de inmediato, trabajan entre bastidores para guiarme en la dirección correcta.

25

NUTRE A DIARIO LA ENERGÍA DE TUS DESEOS

Hasta ahora, en el cuarto paso del proceso de manifestación, has plantado tus deseos en tu campo de energía, has elevado tu vibración al conectarlos con frecuencias emocionales y has invitado a personas útiles y a seres espirituales a apoyar tu manifestación. La parte final, nutrir la energía de tus deseos, radica en establecer una práctica diaria de estas conexiones y mantenerlas, para que así puedan desarrollarse plenamente.

Aunque pasar una vez por los procesos anteriores basta para que fluya el apoyo energético, no es suficiente para sostenerlo. La energía cambia, y lo hace constantemente, de una forma a otra, por lo que, si no mantienes activas estas conexiones y transmisiones energéticas, con el tiempo se desvanecerán. Por lo tanto, es importante dedicar unos minutos diarios a sintonizar y revitalizar los apegos energéticos que has establecido.

La forma más fácil de lograr esto es nutriendo la energía de tus deseos y hacerlo como parte de tu práctica diaria de felicidad. Si meditas como parte de tu práctica de felicidad, puedes tomarte de cinco a diez minutos de tu meditación para darte cuenta y atender conscientemente la energía de tus deseos y sus cordones asociados.

Para hacerlo, repasa cada deseo dentro de tu campo de energía, identifica los cordones energéticos a los que está conectado y usa tu intención para mantener la transmisión o intercambio de energía.

Limpia y protege tus deseos

Aparte de nutrir la energía de tus deseos, también es importante mantenerte a ti y tus deseos limpios de apegos externos, negativos y energéticos. Por lo tanto, es aconsejable trabajar con una práctica diaria de protección de la energía para mantener su autenticidad energética. La protección de la energía es el arte de ser energéticamente auténtico. Se trata de asegurarte de que lo que es tuyo es tuyo, y lo que es suyo es suyo. Consiste en mantener tu alineación con tu auténtico yo y propósito para que tus pensamientos, emociones, comportamiento y deseos sean verdaderamente tuyos. Si no limpias y proteges tu energía todos los días, tu energía puede contaminarse con la energía de otras personas, y puedes terminar pensando los qué piensan otras personas, sintiendo las emociones de otras personas y comportándote de maneras que no están alineadas con tu ser superior y tu propósito.

Por lo tanto, al limpiar y proteger a diario tu energía, aseguras la pureza y autenticidad de tus deseos y te aseguras de que los cordones que has creado no estén contaminados o influenciados por otras personas, entidades o energías.

Si bien la protección de la energía va más allá del alcance y el propósito de este libro, recomiendo usar las siguientes dos prácticas todos los días para limpiar y proteger tu energía y mantener la energía de tus deseos pura y protegida. Lo ideal es ejecutar las siguientes prácticas de protección de la energía por la mañana y como parte de tu práctica de meditación, asegurándote de comenzar con el proceso de preparación a la meditación:

1. **Transmuta la energía negativa con la llama violeta.** La llama violeta posee una frecuencia vibratoria alta y es capaz de transformar los apegos de energía negativa en amor y luz. Opera a una frecuencia muy alta, lo que le permite transmutar todo tipo de ataque de energía y negatividad. Aunque comparte el color violeta del arcoíris, su energía es completamente única, por lo que a menudo se le distingue como llama, en vez de solo luz.

   Cuando estés listo para limpiarte usando la llama violeta, solo di: "Invoco a la llama violeta para que esté conmigo en este momento. Gracias por fluir a través de mi ser, transmutar toda la negatividad y salvaguardar mi energía a lo largo del día". Entonces notarás que la llama violeta te rodea. Imagínala cubriendo todo tu cuerpo, tu campo de energía y tus deseos, y limpiando toda la energía de baja vibración.

Una vez que tu energía y tus deseos se sientan limpios, da gracias a la llama violeta y procede a protegerte con el rayo del arcoíris.

2. **Eleva tu vibración con el rayo del arcoíris.** El rayo del arcoíris está compuesto de frecuencias de luz más puras y de mayor vibración e incorpora todos los colores de tus chakras. Tiene la capacidad de elevar tu energía y mejorar tus defensas naturales para que te vuelvas invulnerable a los ataques energéticos.

Por lo tanto, mientras que la llama violeta limpia tu energía, transmutando los apegos de energía negativa en energía positiva, el rayo del arcoíris elevará tu vibración y la vibración de tus deseos para que estés protegido de atraer apegos de energía negativa a lo largo del día.

Cuando estés listo para protegerte con el rayo del arcoíris, solo di: "Invoco al rayo del arcoíris para saturar mi campo de energía y mis deseos, elevar mi vibración y protegerme de toda la energía negativa entrante a lo largo del día". Luego, visualiza el rayo del arcoíris manifestándose dentro de ti y a tu alrededor, envolviéndote en un capullo de alta vibración de luz del arcoíris. Con tu intención, programa este escudo para que permanezca dentro y alrededor de ti durante todo el día.

El viaje de Alex: De asistente personal a alfarero

Alex era un asistente personal decidido, apasionado de la alfarería y con el sueño de iniciar su propio negocio creativo. Impulsado por un ardiente deseo de liberarse de las limitaciones de su trabajo a tiempo completo y abrazar su lado artístico, recurrió a mí en busca de orientación para manifestar su propósito.

Siguiendo el proceso de los *Secretos ancestrales de manifestación*, Alex sembró las semillas de su propósito y los deseos asociados dentro de su campo de energía, y los conectó con frecuencias emocionales para elevar su vibración. Con mi orientación, activó y alimentó estos deseos a diario, invitando a energías de apoyo para que lo ayudaran en su viaje.

El proceso funcionó, y a medida que crecía la dedicación de Alex a su negocio de alfarería, también lo hacían las oportunidades de hacer y vender sus creaciones de cerámica. Sin embargo, justo cuando estas oportunidades parecían estar a punto de materializarse, se desmoronaban inesperadamente, dejando a Alex descorazonado y perplejo.

A través de nuestro trabajo juntos, comenzamos a entender que los orbes energéticos de sus deseos estaban contaminados por las dudas y temores de los más cercanos a él. Amigos y familiares, con buenas intenciones, pero limitadas perspectivas, le advertían sobre los riesgos de dejar su trabajo seguro por un esfuerzo creativo. Sus creencias limitantes, sin saberlo, influyeron en la manifestación de sus sueños.

Le presenté a Alex una práctica diaria de protección de la energía, durante la cual aprendió a limpiar y proteger su energía, así como la energía de sus deseos, del impacto negativo de las opiniones de los demás. Esta práctica le permitió, con éxito, liberar las creencias limitantes externas y abrazar su propósito sin miedo.

Con el correr de los meses, la transformación de Alex fue notable. Su negocio de alfarería comenzó a florecer y empezó a atraer más y más oportunidades para exhibir y vender sus productos de cerámica.

Se desvanecieron los persistentes desafíos que antes habían obstaculizado su progreso y se abrió paso a un viaje suave e imparable hacia su propósito.

En 2023, Alex alcanzó un momento crucial en su vida. Llegó el día en que se despidió con confianza de su trabajo de tiempo completo, como asistente personal, y lanzó oficialmente su negocio de cerámica en línea. Ahora, los días de Alex están llenos de alegría y satisfacción, ya que pasa su tiempo haciendo lo que más le gusta: crear hermosas piezas de cerámica que hacen sonreír a las personas. Los desafíos a los que una vez se enfrentó fueron reemplazados por infinitas posibilidades, y su negocio sigue creciendo con éxito.

Este capítulo nos lleva al final del cuarto paso del proceso de manifestación. Ahora que has aprendido a nutrir la energía de tus deseos, el paso final en el proceso es tomar una acción guiada que dará vida a tus deseos.

PASO 5

Toma acciones inspiradas

26

TOMA ACCIONES INSPIRADAS

A lo largo del proceso de manifestación has elevado tu vibración, aclarado tus deseos, liberado las creencias limitantes que te impedían manifestar tus deseos y nutrido su energía, plantándolos dentro de tu campo de energía, e invitando a frecuencias, personas y entidades a apoyar su manifestación. El paso final del proceso implica aprovechar los cuatro pasos anteriores para emprender acciones inspiradas específicas que permitan que tus deseos se materialicen.

Como expliqué en el capítulo 8, las personas suelen adoptar uno de dos enfoques opuestos cuando se trata de manifestar sus deseos. Algunas no confían en el Universo para apoyar su viaje de manifestación y, en su lugar, abusan de la energía masculina al apresurarse y trabajar en exceso. Por otro lado, otros dependen demasiado del apoyo del Universo y toman un papel pasivo en el proceso de manifestación, abusando de la energía femenina y esperando que el Universo haga todo el trabajo por ellos.

De acuerdo con la Ley del Género, la manifestación exitosa y sin esfuerzo solo tiene lugar cuando las energías masculina y femenina se usan juntas y de manera equilibrada. La energía femenina nos permite recibir una guía inspirada sobre los pasos específicos que tenemos que dar, mientras que la energía masculina planifica, orquesta y ejecuta esa guía.

Podemos ver cómo, en equilibrio, las energías masculina y femenina trabajan juntas en el proceso de manifestación, en plena observancia de los ciclos de la naturaleza. En los meses de invierno, la naturaleza se encuentra en un estado principalmente femenino; las hojas de los árboles caen, la vegetación se descompone y muchos animales se retiran a hibernar. Durante ese tiempo, la naturaleza descansa, recalibra sus energías y recibe. En primavera y verano, la naturaleza se transforma en una energía principalmente masculina y utiliza los recursos acumulados con anterioridad para dar origen a nueva vida.

Tomar acciones inspiradas y guiadas hacia tus deseos, tiene que ver con emular esta manifestación equilibrada, en tu vida diaria, de energías masculina y femenina. Esto te permitirá recibir la guía correcta que te ayudará a manifestar tus deseos y ejecutar esa guía mediante pasos reales y palpables que den vida a tus deseos.

Cuando se trata de activar la energía masculina y la energía femenina, creo firmemente en lograrlo haciendo cambios reales y con sentido en nuestras vidas. Aunque existen muchas meditaciones espirituales y energéticas que puedes emplear para activar estas energías, en mi experiencia, la mayoría de las personas usan estas meditaciones para evitar hacer el trabajo real, a nivel espiritual. Por lo tanto, en lugar de guiarte a través de viajes de meditación para activar la energía masculina y femenina, te daré consejos prácticos sobre cómo vivir una vida en la que las dos energías estén equilibradas.

Puedes aprender más prácticas para equilibrar tus energías masculina y femenina con el propósito de manifestar tus deseos en mi libro *Lightworkers Gotta Work*. En este libro te guío para que encuentres y definas tu propósito de vida y comparto prácticas para manifestarlo, activando y utilizando tus energías masculina y femenina en equilibrio.

El viaje de Linda para equilibrar la energía masculina y femenina en el sector inmobiliario

Linda era una talentosa agente de bienes raíces de Los Ángeles que, después de mudarse a Santa Bárbara, vio como su trayectoria profesional sufría un declive significativo. Frustrada y decepcionada, buscó orientación y apoyo para recuperar su impulso y manifestar sus deseos en el mercado inmobiliario.

En nuestro primer encuentro, me di cuenta de que Linda conocía bien las prácticas de manifestación popular, tales como *vision boards,* comandos y afirmaciones positivas. También había plantado diligentemente sus deseos en su campo de energía y los había alimentado a diario, con la esperanza de que el Universo hiciera su magia y le brindara las oportunidades que buscaba. Sin embargo, a pesar de su dedicación, Linda no obtenía los resultados que deseaba.

Al profundizar más en la situación, me di cuenta de que a Linda no le faltaban oportunidades, simplemente no estaba tomando medidas prácticas para llevarlas a cabo. Llegó a estar tan absorta en la idea de un enfoque ultrafemenino de la manifestación, que creía que el simple hecho de sentarse y recibir la llevaría al éxito, por lo que descuidó el aspecto esencial de actuar.

Juntos, nos sumergimos en la raíz de sus dificultades. Linda había desarrollado el temor de que tomar medidas interferiría con el proceso de manifestación; pensaba que actuar empujaría en contra de sus deseos, en lugar de permitir que se manifestaran. Esta mentalidad le impedía alcanzar su máximo potencial.

Nuestro viaje comenzó cuando guié a Linda para que incorporara pasos diarios de acción física en su rutina de manifestación. Necesitaba llamar a sus clientes potenciales, hacer un seguimiento de las posibles propiedades y ser proactiva para hacer que las cosas sucedieran. Al principio, esta transición fue un reto para ella, ya que supuso un cambio significativo con respecto a su mentalidad anterior; pero, aun así, aceptó el cambio.

Animé a Linda a ver este nuevo enfoque como una forma de cocrear con el Universo, en lugar de oponerse a él. Al combinar el poder de sus prácticas de manifestación con la acción práctica, participaba activamente en el proceso de manifestación y amplificaba así las posibilidades de lograr sus objetivos.

Con el paso de los días, Linda se sentía más segura de su capacidad para equilibrar sus energías y manifestar sus deseos. Tomó las riendas de su carrera, sabiendo que no solo atraía oportunidades, sino que también las hacía realidad a través de sus acciones.

Muy pronto, sus esfuerzos comenzaron a dar frutos. Linda consiguió listas de clientes y se conectó con clientes potenciales a un nivel más profundo, gracias a su nuevo enfoque equilibrado. Ya no temía a la energía masculina ni creía que actuar obstaculizaría sus manifestaciones; en cambio, abrazó la armonía de sus energías masculina y femenina y reconoció que ambas eran esenciales para lograr sus sueños.

Su reputación como agente de bienes raíces diligente y proactiva se extendió como reguero de pólvora, por lo que recuperó con rapidez su estatus como una de las mejores agentes de Santa Bárbara. La historia de éxito de Linda se convirtió en una inspiración para otros en la industria que también buscaban encontrar un equilibrio entre la manifestación y la acción práctica.

A medida que Linda continuaba creciendo, compartía su viaje con sus colegas y amigos, animándolos a incorporar energías masculinas y femeninas en sus prácticas de manifestación. Así, se convirtió en defensora de un enfoque equilibrado, enfatizando la importancia de perseguir activamente nuestros deseos mientras permanecemos abiertos a recibir la guía que el Universo tiene que ofrecernos.

27

ACTIVA TU ENERGÍA FEMENINA

Activar tu energía femenina con el propósito de lograr la manifestación implica crear tiempo y espacio para dejar que tu mente, cuerpo y espíritu reciban una guía inspirada que te permita manifestar tus deseos. En esencia, estas prácticas receptivas te permitirán alinearte con la Fuente y con tu ser interior, que es el objetivo de tu práctica diaria de felicidad.

Aunque ya estás activando conscientemente tu energía femenina a través de tu práctica de la felicidad, dedicar treinta minutos o una hora de energía femenina al comienzo del día no es suficientes para equilibrar tus energías masculina y femenina; esto suele pasar si dedicas el resto de tu día a apresurarte y dar pasos sin sentido y sin inspiración, abusando así de tu energía masculina. Por el contrario, necesitas cantidades iguales de tiempo de energía femenina y masculina en tus días, semanas, meses y años a fin de optimizar tu capacidad de recibir y tomar acción inspirada hacia la manifestación de tus deseos.

Para ayudarte a distinguir entre las actividades relacionadas con la energía femenina y la masculina, en este capítulo y los siguientes te explicaré las principales características de ambas energías y compartiré ejemplos de actividades relacionadas con ellas. Luego, compartiré contigo un proceso práctico para equilibrar estas energías en tu vida.

Características de la energía femenina

Las actividades de energía femenina tienden a tener una o más de las siguientes características:

Falta de estructura

Las actividades de energía femenina no están demasiado planificadas, dirigidas o estructuradas. Son actividades durante las cuales tu mente, cuerpo y espíritu son libres de ser, pensar y sentir con libertad, sin una agenda que seguir. Aunque puedes planear hacer una actividad no estructurada, una vez que estás en ella, la dirección es poca o nula.

Ejemplos de actividades no estructuradas de energía femenina incluyen salir a caminar sin un destino en mente, hacer un viaje espontáneo con amigos o seres queridos, visitar ciudades y otros lugares sin planificar demasiado tus actividades o simplemente tomar una taza de café caliente sin tu teléfono, sin la televisión o sin un libro para no distraerte. Tan solo se trata de pasar tiempo contigo y dejar que tu mente divague.

Relajación

Las actividades de energía femenina permiten que tanto nuestra mente como nuestro cuerpo reposen y se recalibren. En un mundo que glorifica el ajetreo y el bullicio, estamos condicionados a mantener siempre nuestra mente y cuerpo activos. Siempre estamos pensando en cosas, charlando con la gente y moviéndonos de un lado a otro, sin tiempo para descansar y recalibrar nuestra energía. ¿Cómo pueden una mente ocupada y un cuerpo agotado tener espacio para recibir guía divina?

Ejemplos de actividades de energía femenina relajante incluyen meditar, dormir, recibir un masaje (u otros tratamientos de spa) y realizar cualquier otra actividad que permita que tu mente y cuerpo estén ociosos y en paz. Otras actividades femeninas mantienen tu cuerpo activo para dejar que tu mente pase a un segundo plano, como la mayoría de las formas de ejercicio. Por lo general, cuando hacemos ejercicio físico, como caminar, nadar, yoga o incluso entrenar en el gimnasio, ponemos la mayor parte de nuestra atención en nuestro cuerpo y así le damos permiso a nuestra mente para descansar.

Reflexión

Las actividades de energía femenina también implican reflexionar, procesar y mirar hacia adentro. A diferencia del acto de pensar, que tiende a ser de naturaleza más dirigida y contextual, el acto de reflexionar nos pide que vayamos hacia adentro con el propósito de comprender y procesar nuestros propios pensamientos, creencias y estados emocionales, así como a otras personas y al mundo en general.

Por ejemplo, hacer el trabajo interno para alquimizar tus miedos y creencias limitantes es una actividad de energía femenina, ya que te permite reflexionar, procesar y transformar tus estados emocionales negativos en otros más positivos. Otros ejemplos de actividades reflexivas de energía femenina incluyen escribir un diario, meditar y la mayoría de los procesos y modalidades de autoayuda que sirven para cambiar tus pensamientos y emociones.

Creatividad

Existe un concepto erróneo sobre las actividades de energía femenina, que la asocia con la pasividad, pero esto no podría estar más lejos de la realidad. Como enseña *El Kybalión*, la energía femenina es el útero, capaz de generar nuestros deseos y hacerlos realidad. Por ejemplo, durante el invierno, la naturaleza parece ociosa y pasiva por fuera, pero por dentro está generando activamente nuevos recursos y preparándose para la primavera.

Otras actividades creativas, como dibujar o pintar, cantar, bailar o tocar un instrumento musical, son ejemplos de formas de emular las cualidades creativas y generativas de la energía femenina. Las actividades creativas nos invitan a liberarnos de planes, estructuras y estereotipos, y nos llevan a sintonizar con nuestra creatividad innata. Como resultado, la creatividad exige que abandonemos nuestra agenda y nos permitamos recibir guía de la Fuente. Mientras somos creativos, dejamos que nuestro cuerpo y nuestro ser sean un instrumento de la Fuente, un útero que crea algo totalmente nuevo.

Entrega

Una característica esencial de la energía femenina es la capacidad de dejar ir y renunciar a las expectativas. Esto suele ser cierto en el caso de la manifestación, ya que a menudo practicamos conscientemente este proceso con la expectativa de lograr un resultado.

La forma más fácil que he encontrado para liberarme de las expectativas es saber que mi frecuencia vibratoria no es la única causa del efecto deseado. Si vamos atrás, al capítulo 7 y la Ley de Causa y Efecto, veremos que hay muchas causas involucradas en el proceso de manifestación. Seguir el proceso de cinco pasos explicado en este libro, o cualquier otro proceso que elijas usar en tu viaje de manifestación, es todo sobre lo que tienes control en realidad.

Sobre lo que no tienes control es sobre la vibración colectiva, los contratos del alma y la sabiduría del Universo en cuanto al momento adecuado para que se produzcan sus manifestaciones. Cuando aceptas que no depende totalmente de ti cuándo ni cómo se manifestarán tus deseos, puedes ceder tu control y confiar en que todo saldrá bien en el momento justo.

Hay muchas prácticas que te ayudan a alcanzar este estado de entrega; estas incluyen la meditación, la oración, pasar tiempo en la naturaleza y la mayoría de las actividades de energía femenina ya mencionadas.

El denominador común de estas cinco características es su capacidad para nutrir un estado de receptividad, que es sobre lo que trata la energía femenina en realidad. Al participar en actividades no estructuradas, relajantes, reflexivas, creativas y de entrega, creamos un espacio energético dentro de nuestra mente, cuerpo y espíritu para que podamos recibir orientación de la Fuente.

Cómo desperté mi energía femenina divina

Durante la década de mis veinte años, me sumergí en un mundo de acción, ajetreo y esfuerzo constantes. Solía despreciar las actividades de energía femenina más suaves, como relajarme, rendirme y reflexionar. En mi mente, manifestar mis sueños y deseos requería de un esfuerzo incansable y una acción continua.

A los veinticinco años ya había alcanzado el éxito académico: me gradué con licenciaturas y maestrías en prestigiosas universidades del Reino Unido. Vivía en Londres y trabajaba para una reconocida editorial de artículos de mente, cuerpo y espíritu. Todo parecía marchar bien en mi vida.

Sin embargo, debajo de la superficie me estaba quedando sin nada. Mi rutina diaria era un ciclo agotador que consistía en despertarme, trabajar, ocuparme de mis asuntos espirituales y repetir el mismo patrón. Me había aislado de los amigos y de las actividades románticas, creyendo que el éxito exigía sacrificios. Mi determinación de lograr a toda costa mis sueños me dejó agotado, a nivel físico y mental.

Una mañana, mi cuerpo finalmente se rebeló contra ese ritmo tan implacable. Me desperté con la intención de ir a trabajar, pero mis músculos se negaron a cooperar; estaba físicamente exhausto, me sentía paralizado. Fue un punto de inflexión que me obligó a enfrentar el precio que mi vida laboral desequilibrada le cobraba a mi bienestar.

Este despertar me llevó a un viaje transformador de autodescubrimiento y crecimiento consciente. Aprendí a dejar de lado la creencia de que el éxito tenía que alcanzarse a través de la constante lucha. Descubrí que manifestar mis deseos requería no solo de acción, sino también de la creación de un espacio capaz de recibir la inspirada guía de la Fuente.

Comencé a incorporar prácticas de energía femenina en mi rutina diaria, permitiéndome descansar, reflexionar y participar en actividades creativas sin juzgarme. Aprendí el arte de rendirme, liberando mi necesidad de controlar todos los resultados y confiando en los tiempos del Universo.

28

PROCESO PARA RECIBIR UNA GUÍA INSPIRADA

El objetivo al participar en actividades de energía femenina es recibir una guía inspirada sobre los pasos de acción específicos que debes adoptar para manifestar tus deseos y propósito. En este capítulo compartiré contigo un proceso para utilizar conscientemente los ejemplos antes mencionados de actividades de energía femenina, de modo que puedas recibir con éxito una guía inspirada.

Cómo recibir una guía inspirada

La guía inspirada suele aparecer en forma de pensamientos, ideas, sentimientos, visiones, sonidos e impulsos mientras se realizan actividades de energía femenina. Todos recibimos mensajes intuitivos a través de nuestros cinco sentidos pero, por lo general, tenemos uno o dos sentidos que están más activados. Estos son conocidos como los cuatro tipos de "clari" o intuición: clarividencia, clarisensibilidad, clariaudiencia y claricognición.

La palabra "inspiración" proviene de las palabras latinas *in* y *spirare*, y significa "permitir que el espíritu fluya en ti", o sea, comunicar algo. La inspiración está estrechamente relacionada con las actividades de energía femenina, ya que para inspirarte tienes que crear un espacio mental, emocional y energético que permita que la entrada del espíritu. Las actividades de energía femenina te invitan a despejar tu mente, relajar tu cuerpo y liberar tu espíritu, con lo que das origen a un vacío energético que puede ser ocupado por el espíritu.

Piensa en un momento en el que recibieras una epifanía o una inspiración. ¿Dónde estabas y qué hacías? Lo más probable es que estuvieses involucrado en una actividad de energía femenina. Es posible que estuvieras de excursión, practicando yoga, meditando o simplemente duchándote (¡yo tengo la mayoría de mis ideas y epifanías en la ducha!).

Acto seguido, considera cómo se te ocurrió tal epifanía. ¿Fue un pensamiento que recién apareció en tu cabeza (claricognición), un fuerte sentimiento o sensación sobre algo (clarividencia), una visión acerca de lo que estabas haciendo (clarisensibilidad) o la voz de algo o alguien que te guía a hacer algo (clariaudiencia)? Sea cual sea el caso, ese fue el Universo, que se comunicaba contigo para brindarte una guía inspirada que te ayudara a manifestar tus deseos y propósito.

Diferencias entre ego y guía inspirada

La pregunta más frecuente que recibo cuando se trata de recibir una guía intuitiva y, por lo tanto, inspirada, es cómo saber si esta proviene de nuestra conexión con la Fuente o de nuestro ego.

A continuación, te explico cómo diferenciar entre ambos:

▷ **La guía inspirada viene primero, mientras que la guía del ego viene después a sabotear el mensaje intuitivo.** Esto tiene que ver con la naturaleza del ego. El ego dudará casi siempre de un mensaje intuitivo, en un afán por mantenernos seguros y en nuestra zona de confort; por consiguiente, es importante estar al tanto de las ideas y mensajes que surgen mientras se realizan actividades de energía femenina a fin de tomar nota en su momento.

▷ **La guía inspirada se siente expansiva, mientras que la guía del ego se siente constrictiva.** Cuando recibes la guía inspirada, tu cuerpo y tu ser están de acuerdo con ella. Sientes alegría, emoción y anticipación, y hay una sensación de que tu energía se expande hacia afuera. Por el contrario, cuando se trata de la guía del ego, es probable que sientas el estómago constreñido, que suele asociarse con emociones de bajo nivel, como el miedo, la preocupación y la aprehensión.

▷ **La guía inspirada se siente certera, mientras que la guía del ego se siente dubitativa.** Cuando recibes guía inspirada, ¡lo sabes! No lo dudas y no tienes que pedir opinión a nadie al respecto. Te sientes seguro y, por lo tanto, actúas en consecuencia. Por otro lado, si la guía que recibes proviene del ego, puede que dudes de ella y tengas que obtener una segunda opinión al respecto. Yo siempre digo: "si se trata de una guía inspirada, ya la has seguido".

Cómo recibir guía inspirada a través de la escritura automática

Si bien la mayor parte de la guía inspirada que recibas será a través de percepciones espontáneas mientras practicas una actividad de energía femenina, puede que también desees adoptar un enfoque más directo.

La escritura automática implica plantear una pregunta y permitir que la Fuente, de forma intuitiva, nos dé la respuesta a través de palabras o dibujos. Durante este proceso, te abres al flujo de la energía del Universo y dejas que se fusione con tu consciencia para transmitir un mensaje. Las respuestas que recibes vienen como impresiones intuitivas, adaptadas a tus tipos de intuición dominantes.

A diferencia de la posesión espiritual, donde un espíritu toma el control, la escritura automática te otorga plena conciencia y control sobre ti mismo, siendo tú el responsable de traducir la guía a una forma escrita. El estado mental y energético al hacer una pregunta difiere del estado al recibir la respuesta, pero la escritura automática te ayuda a alternar entre los dos sin esfuerzo.

Para practicar la escritura automática, sigue estos pasos:

1. **Formula tu pregunta:** En lugar de preguntas binarias, haz preguntas generales y abiertas. Lo ideal es ceñirse a una pregunta a la vez, con la idea de obtener una orientación más específica. Escribe tu pregunta en un papel, en la aplicación de notas de tu teléfono o en un documento en tu

ordenador. Para la manifestación, una gran pregunta que hacer es: "¿Qué pasos debo seguir para manifestar mi deseo?".

2. **Entra en un estado meditativo:** Comienza con el proceso de preparación para la meditación descrito en el capítulo 9, así entrarás en un estado profundo de meditación. Esto eleva tu vibración para conectarte de mejor forma con el Universo y lograr así una comunicación efectiva.

3. **Protege tu energía:** Este paso es para proteger tu energía de influencias no deseadas. Puedes usar la práctica de escudo de energía del capítulo 25, un escudo de mi libro *Protege tu luz* o cualquier otro escudo de energía que prefieras.

4. **Pídele a la Fuente que se haga cargo:** Invita a la Fuente, a un dios o diosa, o a otro guía espiritual con el que trabajes, a que se fusione con tu energía y te guíe. Visualiza cómo una luz dorada entra a través de tu chakra corona y satura tu cuerpo y tu energía.

5. **Escribe automáticamente:** Con la mente y el cuerpo relajados, abre tus ojos, toma un bolígrafo (o un dispositivo electrónico) y comienza a responder a tu pregunta escrita. La clave es escribir sin parar durante al menos cinco minutos, sin detenerte a pensar en lo que estés escribiendo. Desde el momento en que comienzas a escribir, todos los pensamientos, sentidos y ocurrencias se consideran como una guía intuitiva.

Mientras escribes, si bien es bueno estar al tanto de todas tus "clari", presta especial atención a la orientación que llega a través de tus aspectos dominantes. Por ejemplo, si eres clarividente, ten en cuenta las visiones en tu mente o las señales visuales en tu entorno. Concentrarte en tus clarividencias dominantes, sobre todo al principio, creará un flujo más cómodo y natural para recibir una guía intuitiva.

El viaje de James para desbloquear su potencial intuitivo

James se inscribió en mi curso en línea, *Intuition Mastery School®*, con fuerte deseo de fortalecer su intuición. Sin embargo, se enfrentó a un desafío significativo: dudaba de sí mismo y de sus intuiciones, por lo que en gran medida dependía de herramientas de adivinación, como el tarot y las cartas del oráculo, para obtener orientación, pero las usaba como muletas para la validación. En el fondo, James anhelaba una conexión más fuerte con su intuición, que no mereciera esfuerzo.

Durante nuestro trabajo juntos, James descubrió la práctica de la escritura automática. Intrigado por su potencial, la recibió con entusiasmo. No obstante, al igual que muchos otros, luchó con la tendencia común de tratar de controlar el proceso, obstaculizando así su flujo natural.

Guiado por el curso, James se embarcó en un viaje de sanación y autodescubrimiento. Se dio cuenta de que sus problemas de control provenían de experiencias de su infancia, en las que había aprendido a priorizar el placer de otras personas y a manejar las emociones de los demás para ganar amor y aceptación. Este miedo a perder el control se enredó con sentimientos de rechazo e indignidad. Solo si sanaba y confrontaba con valentía estos problemas arraigados en lo profundo de su ser, James podría encontrar la libertad de relajarse y dejar que la Fuente se hiciera cargo a través de la escritura automática.

Comparto la historia de James para animarte a no perder la esperanza si tus intentos iniciales de escritura automática no arrojan los resultados deseados. Sanar los traumas del pasado y las creencias limitantes nos abre la puerta a recibir una guía intuitiva y progresar, tanto en la manifestación como en los viajes intuitivos. Estos caminos están interconectados y el trabajo preliminar, establecido a través de las prácticas de sanación, es esencial para el crecimiento.

En la medida en que James continuó sanando y practicó con diligencia la escritura automática, por fin se liberó de su codependencia a las cartas del oráculo y abrazó, de todo corazón, su capacidad inherente para recibir guía inspirada sin depender de herramientas externas.

29

ACTIVA TU ENERGÍA MASCULINA

Activar tu energía masculina, con el propósito de alcanzar la manifestación, tiene que ver con la actualización de la guía que recibes durante tus actividades de energía femenina para manifestar tus deseos y crear un cambio real y palpable en tu vida y en el mundo. Como ya se mencionó, estamos condenados a abusar de la energía masculina al ignorar nuestra intuición y tomar medidas sin sentido para lograr nuestros deseos y propósito. Como resultado, nuestro viaje de manifestación está marcado por la lucha, el agobio y el agotamiento.

Solo si comprendes las características de una energía masculina saludable, podrás equilibrarla con tu energía femenina activada y manifestar con éxito tus deseos.

Características de la energía masculina

Las actividades de energía masculina tienden a tener una o más de las siguientes características:

Estructura

Las actividades de energía masculina están estructuradas de manera lógica y su fin es llevarte del punto A al punto B. Se trata de tomar las ideas abstractas y las percepciones que has recibido durante las actividades de energía femenina, darles sentido, organizarlas en tu cabeza y crear un plan maestro para ejecutarlas.

Algunos ejemplos de actividades estructuradas de energía masculina incluyen ejercicios como mapas mentales y la planificación de la semana, el mes o el año, mediante el uso de planificadores y calendarios, listas de tareas pendientes y la investigación y el aprendizaje de habilidades relevantes para alcanzar tus deseos y propósito.

Disciplina y constancia

Dos características esenciales de las actividades de energía masculina son la disciplina y la constancia, que van de la mano. La disciplina implica apegarse a tus planes y tomar medidas para ejecutarlos. Se trata de superar la procrastinación y estar lo bastante decidido y comprometido como para concentrarte en las tareas que tienes entre manos y llevarlas a la línea de meta. La constancia consiste en establecer hábitos y rutinas diarias en torno a tus objetivos y planes, con la idea de que puedas completarlos poco a poco.

Algunos ejemplos de tales actividades incluyen el uso de calendarios, planificadores y aplicaciones de gestión de proyectos, la creación de sistemas y la formación de grupos de expertos (con personas de ideas afines) que pueden mantenerte con la mirada en la meta. Asimismo, tener rutinas diarias es una excelente manera de practicar la disciplina y la constancia, ya que te permiten avanzar sin generarte demasiado agobio. Por ejemplo, tengo una rutina matutina diaria en torno a la escritura de mis libros, en la cual, en lugar de encerrarme en casa y escribir sin parar, lo que me abrumaría, escribo unas cuantas páginas todos los días. Por lo tanto, gracias a mi rutina de escritura diaria, me he disciplinado para adoptar medidas consistentes y concretar mis deseos.

Orientación a la acción

Quizá la característica más obvia de las actividades de energía masculina sea la orientación a la acción y la adopción de medidas que sirvan para poner en práctica los planes establecidos y convertir las ideas en realidades físicas de manera eficaz. Estas actividades orientadas a la acción suelen ser de naturaleza mental o física, lo que te acerca a la manifestación de tus deseos.

Casi todas las actividades de energía masculina están orientadas a la acción por naturaleza, y las acciones dependen del plan o deseo por el que estés trabajando. Por ejemplo, si tu deseo es iniciar un negocio, las actividades orientadas a la acción pueden ir desde la investigación de mercado hasta el diseño o la obtención de productos, la creación de contenido, la contratación de personal, etcétera.

Asunción de riesgos

Las actividades de energía masculina también implican tener el coraje de salir de tu zona de confort y tomar riesgos calculados hacia tus deseos. La mayoría de los planes de acción que creas para manifestar tus deseos conllevan cierto nivel de resistencia. Tu ego odia el cambio, pues viene con un peligro percibido, y hará todo lo posible por evitar que actúes y querrá que te quedes en la realidad conocida, en la que te sientes cómodo, lo que obra en contra de manifestar tus deseos.

Para activar la energía masculina por completo, es necesario aceptar la incomodidad de asumir riesgos. Debes aceptar que dar pasos hacia tus deseos y propósito te resultará incómodo, y en lugar de rehuir eso debes encontrar placer al hacerlo. Y para hacerlo de manera efectiva es importante tomar riesgos pequeños y calculados; primero, para no impactar tu ego, y segundo, para tomar riesgos más valientes a futuro.

El viaje de Katia: De la sabiduría a la acción

Cuando empecé a trabajar con Katia, era evidente que se trataba de una apasionada del desarrollo personal. Había leído incontables libros de autoayuda, asistía a un mínimo de tres retiros de desarrollo personal por año y llevaba numerosos diarios llenos de notas, ideas y descargas. Sin embargo, aunque tenía una profunda pasión por aprender y acumular conocimiento espiritual, carecía del coraje para aplicar lo aprendido y tomar medidas concretas.

Cuando le pregunté a Katia si estaba satisfecha con su vida y su propósito, su expresión cambió. Era como si conociera los ingredientes de una vida plena, pero no pudiera unirlos. "Puedo enumerar los pasos para dejar mi trabajo y comenzar mi centro de meditación –confesó–. Pero en algún momento, todo me abruma demasiado y me detengo".

La historia de Katia refleja la experiencia de muchos de nosotros: un comienzo brillante seguido de una pausa vacilante. Ella era la encarnación de iniciar proyectos con entusiasmo, solo para ser detenida por el agobio y el autosabotaje.

Quedaba claro que sus obstáculos no eran los miedos habituales o las creencias limitantes que a menudo obstaculizan a las personas; era la falta de tiempo, gestión y de capacidad organizativa lo que mantenía a raya sus sueños. Por lo tanto, en nuestro trabajo juntos nos enfocamos en equilibrar sus energías femenina y masculina. Le di a Katia herramientas prácticas: un software de gestión de proyectos, para hacer una lluvia de ideas y organizar proyectos (recomiendo Asana, pero hay muchas más opciones excelentes disponibles), y un planificador diario para realizar un seguimiento de su agenda (me gusta usar el planificador diario simplificado de Emily Ley).

También discutimos a fondo las listas de tareas pendientes de Katia, transformándolas de listas de verificación desalentadoras a rutas manejables de progreso. El viaje no fue fácil. Los nuevos hábitos, como unos zapatos nuevos, a menudo resultan incómodos al principio, pero con el tiempo se les encuentra el ritmo.

La transformación de Katia se desarrolló paso a paso, meta tras meta. A medida que adoptaba sus nuevas rutinas, su confianza crecía y los proyectos inconclusos de su lista comenzaron a ser tachados. Hoy, las páginas de su historia han llegado a un capítulo apasionante: está a punto de dejar su trabajo como asistente ejecutiva para lanzar su propio centro de meditación.

Ahora que entiendes las diferencias y características de las energías masculina y femenina, en el siguiente capítulo te enseñaré un proceso que puedes usar para asegurarte de que tu vida esté equilibrada entre ambas. Lograr este equilibrio en tu vida diaria te permitirá manifestar tus deseos de manera efectiva y progresiva.

30

EQUILIBRA LAS ENERGÍAS MASCULINA Y FEMENINA

Para equilibrar tu energía masculina y femenina, con el propósito de alcanzar la manifestación, es crucial que dediques una cantidad más o menos igual de tiempo en actividades de energía masculina y femenina. Esto significa que tendrás tiempo suficiente tanto para recibir orientación, como para adoptar las medidas necesarias para su actualización.

La mayoría de nosotros estamos condicionados a abusar de nuestras energías masculina o femenina; por ello, necesitamos crear un marco a través del cual podamos reacondicionarnos para usar ambas de manera equilibrada. La forma más efectiva que he encontrado para hacer esto es planificando mis días, semanas, meses y mi año.

Como alguien que principalmente abusaba de su energía masculina, descubrí que la forma más sencilla de equilibrarla con la energía femenina era mediante el uso de una actividad de energía masculina, como la planificación. Si tu caso ha sido el mismo la mayor parte de tu vida, puede que esta actividad te resulte fácil de completar.

Si, por otro lado, has abusado de tu energía femenina, es probable que sientas algo de resistencia para implementar este proceso o incluso probarlo. Me gustaría que vieras esto como tu oportunidad de arriesgarte para salir de tu zona de confort y activar tu energía masculina mediante este proceso.

Planifica tu vida para alcanzar el equilibrio

En las siguientes secciones, compartiré contigo consejos y orientación para equilibrar tus energías masculina y femenina dentro del año, sus meses, semanas y días.

Planifica tu año

Lo mejor es comenzar este ejercicio un par de meses antes de finalizar el año o justo al comenzar el año nuevo. Saca tu diario y haz una lista de actividades de energía masculina y femenina a gran escala que desees ejecutar en el nuevo año.

Es probable que las actividades de energía masculina sean proyectos y objetivos más grandes que se deriven de tus deseos y propósito, como lanzar un nuevo producto o curso, completar una capacitación o escribir un libro. Las actividades de energía femenina a gran escala suelen ser tus principales vacaciones del año y otros períodos de tiempo largos durante los cuales puedes hacer actividades de energía femenina. Por ejemplo, las vacaciones de Navidad o verano, o cualquier otro viaje o tiempo libre que desees tomar en el año siguiente.

Dependiendo de la naturaleza de tu trabajo y de la cantidad de tiempo libre que, de manera realista, puedas tomar, asegúrate de programar tanto actividades femeninas como masculinas. Por ejemplo, si has decidido trabajar en tres proyectos a gran escala el próximo año, programa periodos de vacaciones entre ellos para que tu año esté equilibrado entre la energía masculina y la femenina.

Una vez que hayas finalizado tus proyectos principales y los tiempos de vacaciones para el año, procura un calendario anual de pared y bloquea los días o meses en los que planees trabajar en ellos.

Planifica tus meses

Después de haber bloqueado tus proyectos principales y los tiempos de vacaciones en tu calendario anual, tendrás una perspectiva aproximada de en qué debes de concentrarte mes a mes.

Para asegurarte de cumplir con este plan y crear un mayor equilibrio durante el año, es una buena idea dedicar algo de tiempo, antes de que comience cada mes, a planificar el mes siguiente. Me gusta usar un planificador físico para hacerlo, pero puedes usar uno digital en tu teléfono o computadora, si lo prefieres.

Durante este tiempo, consulta con tu plan maestro para ver en qué proyectos debes enfocarte. Si notas que tienes demasiado trabajo y poco placer por delante, ajusta tu plan mensual añadiendo nuevas actividades de energía femenina que equilibren las cosas. Por ejemplo, si tienes una fecha límite para fin de mes, que sabes que requerirá que trabajes muchas horas, asegúrate de programar tiempo libre adicional los fines de semana o por las noches, o planifica viajes u otras actividades de energía femenina.

Planifica tus semanas

Cada fin de semana, repasa las actividades planificadas para la semana siguiente y asegúrate de que tu semana esté equilibrada en energías masculina y femenina. Verifica que tengas suficiente tiempo programado para trabajar en tus deseos y propósito, pero también tiempo para descansar y recalibrar tu energía.

Aprender a establecer límites con tu tiempo y energía es una habilidad importante, la cual debes desarrollar para apegarte a tu plan y no terminar abusando de tus energías masculina o femenina. Por ejemplo, mis límites personales son trabajar cuatro días a la semana, terminar el trabajo a las 8 p.m. y luego pasar el fin de semana haciendo actividades de energía femenina. Dependiendo de la naturaleza de tu trabajo, establece límites que te ayuden a mantener un horario semanal equilibrado.

Planifica tus días

Por último, al comienzo de cada día, tómate un tiempo para revisar tu calendario semanal y estructura tu día para que esté equilibrado en actividades relacionadas con lo masculino y lo femenino. Asegúrate de tener suficientes pasos de acción programados que te permitan avanzar en tus deseos, pero también asegúrate de tener mucho tiempo para descansar y recibir una guía inspirada.

Sé flexible con tus planes

Luego de planear mi vida de esta manera desde 2018, he aprendido que, si bien el proceso funciona, también es importante ser flexible con el mismo. Si eres alguien que ha abusado en gran medida de la energía masculina en su vida, será fácil que te conviertas en esclavo de este proceso y dejes que dicte cómo vivir tu vida, en lugar de ser una herramienta que te sirva. Recuerda que este proceso está destinado a ser una herramienta que uses conscientemente para equilibrar tu vida y manifestar tus deseos; no caigas en la trampa de dejar que el proceso tenga poder sobre ti.

Para encontrar el equilibrio, haz lo mejor que puedas para elaborar tus planes anuales, mensuales, semanales y diarios, pero luego deja que estos planes fluyan y vuelvan a fluir de acuerdo con lo que surja en tu vida. Por ejemplo, si tienes planeado lanzar un nuevo curso en mayo, pero surge la oportunidad de un evento que te entusiasma, date permiso para ajustar tus planes y hacer lo que más te inspire.

Cuando planeamos las cosas con anticipación, a menudo lo hacemos desde una perspectiva lógica y en términos de tiempo y espacio, pero no podemos tener en cuenta cómo nos sentiremos en ese momento; no podemos conocer las circunstancias personales ni los eventos mundiales o cualquier otra cosa que pueda surgir. Por lo tanto, aunque soy un gran partidario de la planificación, también entiendo que los planes pueden y deben cambiar cuando surgen nuevas y mejores oportunidades.

Estoy seguro de que has oído hablar del proverbio *yidis*: "Si quieres hacer reír a Dios, cuéntale tus planes". Si bien muchas personas usan este proverbio como excusa para evitar la planificación y simplemente seguir el flujo de las cosas, yo lo veo como una guía para ser flexibles con nuestra planificación. El proverbio nos recuerda las muchas y diferentes "causas" que pueden trabajar detrás de escenas y con las que no contamos, según pudimos explorar en el capítulo sobre la Ley de Causa y Efecto. Por lo tanto, debemos planificar nuestras vidas en función de los factores y causas sobre los que tenemos control, pero estando atentos a que el Universo es consciente de factores adicionales que tal vez no conozcamos, o sobre los que no tenemos ningún control.

Si la idea de planificar todo el año con anticipación te parece demasiado abrumadora y buscas más flexibilidad, entonces te sugiero que planifiques de forma trimestral o semestral. De esta manera podrás tener una mejor idea de lo que te espera y te ayudará a planificar con mayor precisión.

Planificar tu vida de esta manera puede parecer, en un principio, una forma de vivir orientada a lo masculino, pero en realidad es un enfoque equilibrado, porque estás integrando una cantidad igual de actividades masculinas y femeninas. Este proceso asegura que no solo experimentes un equilibrio energético cuando hagas una meditación, sino todos los días de tu vida. Lo más importante es que este proceso asegura que no seas un espectador pasivo en la manifestación de tus deseos, sino un componente cooperativo que colabore con el Universo para dar vida a sus deseos y propósito.

3
DESAFÍO DE MANIFESTACIÓN DE DIEZ DÍAS

A lo largo de nuestro viaje juntos, has aprendido acerca de las Siete Leyes del Universo y te has familiarizado con un plan de cinco pasos para ponerlas en práctica. En esta parte final del libro, te invito a unirte a mí en un desafío de manifestación de diez días para lograr un deseo específico.

Todos los días te ofreceré un paso práctico, basado en lo que has aprendido hasta ahora y apoyado en el paso anterior, para ayudarte a manifestar el deseo que hayas elegido. Los pasos serán fáciles de completar y no te llevarán más de 15 minutos diarios. Todo lo que necesitarás es tu diario, para completar las prácticas diarias, tu espacio de meditación y confiar en ti mismo y en el proceso.

Los desafíos funcionan mejor cuando tienes a alguien que te haga rendir cuentas, así que no dudes en invitar a un amigo a que te acompañe. También puedes compartir tu progreso tomando una foto diaria y publicándola en el grupo de Facebook *Your Spiritual Toolkit*, o en Instagram, etiquetándome con **@georgelizos** y usando el hashtag **#AMSChallenge.**

Día 1

ELIGE TU DESEO

¡Bienvenido al primer día de tu reto!

Antes de definir el deseo que quieres manifestar, es importante que primero te tomes el tiempo necesario para elevar tu vibración. Si hasta ahora has puesto en práctica los procesos que te enseñé en el libro y has elevado tu vibración lo suficiente, es posible que ya tengas deseos específicos en mente. Si aún no lo has hecho, asegúrate de completar al menos los procesos del capítulo 22 antes de comenzar con el desafío.

Es importante recordar que no todos los deseos pueden manifestarse en diez días. Recuerda que hay muchos y diferentes factores que contribuyen a la manifestación de tus deseos, por lo que diez días pueden no ser suficientes para que manifiestes **algún** deseo.

Por lo tanto, al elegir un deseo en el que puedas trabajar para este desafío, te sugiero que elijas uno que sientas que es **posible** manifestar en diez días, aunque sea poco probable. Este es un buen equilibrio entre elegir algo relativamente fácil de manifestar, pero que requiera de un esfuerzo de manifestación colaborativa para llegar a buen puerto. No existe una ciencia exacta para elegir el deseo correcto, ¡así que usa esta regla general y confía en tu instinto! Incluso si eliges un deseo que no es posible manifestar en diez días, estarás más cerca de manifestarlo al final de este desafío y, por lo tanto, no podrás equivocarte.

Completa el desafío

1. Con tu propósito de vida en mente, haz una lluvia de ideas sobre los posibles deseos en tu diario. No te contengas en esta etapa, solo comparte cada deseo que te venga a la mente.

DÍA 1

2. Ahora, revisa los deseos anteriores y elige el que sea posible, aunque sea poco probable que se manifieste dentro de los diez días. Encierra ese deseo en tu diario o, mejor aún, escríbelo en una nota adhesiva y colócala en un lugar donde puedas verlo todos los días.

Día 2

IDENTIFICA TUS MIEDOS Y CREENCIAS LIMITANTES

¿Qué miedos y creencias limitantes tienes que te impiden cumplir el deseo que has elegido? En el segundo día del desafío usarás el proceso de los Cinco Porqués, explicado en el capítulo 16, para profundizar en tus miedos y creencias limitantes e identificar las creencias centrales que te impiden manifestar tus deseos específicos.

Una manera fácil de identificar estos miedos y creencias limitantes es haciéndote las siguientes preguntas:

- ¿Cómo me siento al tener esto?
- ¿Me merezco esto? ¿Por qué sí o por qué no?
- ¿Qué me impide tener esto?

Completa el desafío

1. Usa tu diario para responder a estas preguntas y elabora una lista de todos los miedos y creencias limitantes que te impidan acceder al deseo que has elegido.
2. Selecciona una o varias de las afirmaciones que te parezcan más dominantes y utiliza el proceso de los **Cinco Porqués** para identificar las creencias fundamentales que haya detrás de ellas.
3. Una vez que hayas identificado las creencias fundamentales, enciérralas en un círculo o escríbelas con claridad para que puedas liberarlas durante los próximos días.

Día 3

LIBERA COGNITIVAMENTE TUS CREENCIAS LIMITANTES BÁSICAS

Habiendo identificado las creencias centrales que te impiden manifestar tu deseo elegido, llegó el momento de liberarlas, de forma cognitiva y energética. Hoy nos centraremos en liberarlas cognitivamente utilizando el proceso IEMT, plasmado en el capítulo 12. Tus creencias fundamentales son el resultado de una serie de experiencias pasadas. Con este proceso podrás identificar estas experiencias y desensibilizarlas, actualizando así tu percepción de ti mismo, de los demás y del mundo.

Completa el desafío

1. Aprovecha el proceso IEMT y escribe brevemente los recuerdos relacionados con tus creencias fundamentales a medida que vayan surgiendo. Podrás recordarlos con mayor facilidad mientras usas el proceso de movimiento ocular.

2. Una vez que hayas terminado con este proceso, considera tus creencias limitantes básicas originales. ¿Hasta qué punto estas creencias siguen siendo ciertas para ti? Si siguen siendo ciertas, repite el proceso; si no es así, comparte tus nuevas creencias en tu diario.

Día 4

LIBERA ENERGÉTICAMENTE TUS CREENCIAS LIMITANTES BÁSICAS

Tras haber liberado cognitivamente tus creencias limitantes básicas usando el proceso IEMT, ahora también podrás liberarlas energéticamente. Para ello, utiliza el proceso del capítulo 13 y comparte tus ideas en tu diario respondiendo a las siguientes preguntas.

Completa el desafío

1. ¿En qué parte de tu campo de energía se encontraban tus creencias limitantes centrales?
2. ¿Cómo se veían, se sentían o sonaban? Descríbelas.
3. ¿Cómo te sentiste después de desecharlas? ¿Te ha venido a la mente alguna revelación?

Recuerda que, tras liberar las creencias limitantes energéticamente, podrías experimentar un período de purga mental, tanto emocional como física. Para apoyarte en este proceso, asegúrate de beber mucha agua, comer sano y mover tu cuerpo, esto hará que las toxinas salgan de tu sistema más rápido.

Día 5

CREA NUEVAS CREENCIAS DE APOYO

¡Enhorabuena! Has llegado a la mitad del reto. Ya completaste la parte más difícil, así que el resto será fácil y divertido.

Hoy podrás reemplazar las creencias limitantes básicas que liberaste con los dos ejercicios anteriores con nuevas creencias de apoyo.

Completa el desafío

1. Usa el proceso del capítulo 20 para crear nuevas creencias positivas y escríbelas luego en tu diario, a manera de afirmaciones positivas.
2. Para fortalecer tu conexión con estas nuevas creencias, conéctate energéticamente con ellas completando el proceso de mismo capítulo.
3. Por último, asegúrate de leer estas afirmaciones en voz alta para ti mismo durante todos los días restantes de este reto, o durante el tiempo que te lleve manifestar tu deseo. Es posible que desees escribirlas en una hoja de papel por separado y pegarlas en un lugar donde puedas verlas todos los días, así te recordarás a ti mismo lo que debes hacer.

Día 6

PLANTA TU DESEO EN TU CAMPO DE ENERGÍA

Después de liberar las creencias limitantes que puedan impedirte manifestar tu deseo, y tras haber creado otras nuevas de apoyo, estarás listo para comenzar a nutrir la energía de tu deseo para que puedas magnetizarlo hacia ti.

Completa el desafío

Usa el proceso del capítulo 21 para plantar la energía de tu deseo en tu campo de energía, asegurándote de pasar algún tiempo haciendo coincidir tu frecuencia con el deseo y sintiendo el intercambio de energía. Una vez que lo hayas hecho, responde a las siguientes preguntas en tu diario:

1. ¿Cómo describirías la energía de tu deseo? Comparte su color, textura, sonido, sabor y cualquier pensamiento o emoción asociada que surja al conectarte con él.
2. ¿Cómo te sentiste al alinearte con la frecuencia de tu deseo? ¿Notaste algún cambio en tu propia energía como resultado?

Día 7

ELEVA LA FRECUENCIA DE TU DESEO

Ya que tu deseo está plantado con firmeza dentro de tu campo de energía, estás listo para elevar su vibración y acelerar el proceso de manifestación.

Completa el desafío

Usando el proceso del capítulo 22, elige hasta tres frecuencias emocionales para conectar con tu deseo; esto elevará su vibración y lo convertirá en un poderoso imán emocional que atraerá hacia ti personas, circunstancias, oportunidades y otros componentes cooperativos que ayuden a su manifestación.

Una vez que hayas terminado con el proceso, responde a las siguientes preguntas en tu diario:

1. ¿A qué frecuencias emocionales has elegido conectar tu deseo?
2. ¿Cómo cambió la energía de tu deseo como resultado de sintonizarlo con estas frecuencias? Describe los cambios en su color, textura, frecuencia, sonido, sabor, etcétera.
3. ¿Recibiste alguna revelación sobre los pasos de acción específicos que puedes tomar para ayudar a manifestar tu deseo?

Día 8

INVITA A PERSONAS QUE TE APOYEN

Después de haber nutrido la energía de tus deseos, tanto con el apoyo de nuevas creencias como con la conexión de tu deseo con tu campo de energía y otras frecuencias emocionales, es probable que comiences a ver evidencias de manifestación de que tu deseo cobra vida.

Antes de continuar con el desafío de hoy, anota en tu diario cualquier evidencia de manifestación que haya surgido. Esto no tiene por qué ser evidencia física necesariamente, también pueden ser ideas que surgieron, señales y hasta una sincronicidad que denote que te estás acercando (pueden ser personas que conoces u observas que ya tienen tu deseo). Anotar las manifestaciones que ya hayan surgido también representa una excelente manera de mantener el impulso. Solo quedan dos días para este desafío, ¡así que termina con fuerza!

Completa el desafío

Hoy continuaremos con el proceso de nutrir la energía de tu deseo al invitar enérgicamente a personas que te apoyen en manifestarlo. Para ello, sigue los pasos del proceso del capítulo 23. Una vez que lo hayas hecho, responde las siguientes preguntas en tu diario:

1. De los muchos filamentos que enviaste, ¿cuántos se convirtieron en cordones y se conectaron con personas útiles?
2. ¿Te hiciste una idea de quiénes podrían ser estas personas? Además de gente extraña, es probable que haya personas que ya estén presentes en tu vida. Enumerálas a continuación, junto con cualquier forma a través de la cual puedan ayudarte a manifestar tu deseo.

Día 9

INVITA A TUS GUÍAS ESPIRITUALES A QUE TE APOYEN

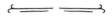

Hoy es el último día para nutrir la energía de tu deseo, esta vez invitando a tus guías espirituales a que te apoyen en manifestarlo. Recuerda que la manifestación es un proceso colaborativo. Tú actúas, el Universo también actúa (incluyendo a tus guías espirituales) y juntos dan vida a tu deseo.

Completa el desafío

Sigue el proceso del capítulo 24 para invitar a tus guías espirituales a que te apoyen. Luego, responde a las siguientes preguntas en tu diario:

1. ¿Qué guías espirituales se presentaron para apoyar tu viaje de manifestación? Comparte el tipo de guías, sus nombres (si los tienes) y en qué te ayudarán específicamente.
2. ¿Qué ideas impartieron tus guías espirituales con respecto a la realización de tu deseo específico? Es posible que hayas recibido estas percepciones como pensamientos, ideas, imágenes, sentimientos, sonidos o simplemente como energía.

DESAFÍO DE MANIFESTACIÓN DE DIEZ DÍAS

Día 10
CREA UN PLAN DE ACCIÓN EQUILIBRADO

¡Felicidades! Has llegado al último día del desafío. Hoy se tratará de recoger los frutos de tu trabajo y mantener el impulso. A estas alturas, puede que ya hayas manifestado tu deseo. De ser así, tómate un momento para apreciarte a ti mismo y el viaje que emprendiste, y completa la revisión del desafío de la manifestación en la página 199. Si tu deseo aún no se ha manifestado, o se ha manifestado parcialmente, continúa con el desafío de hoy.

Completa el desafío

Hasta ahora, los pasos de acción que has tomado han consistido en reprogramar tus creencias y nutrir la energía de tu deseo. Ahora viene el lado práctico del proceso, que implica tomar medidas para hacer realidad tu deseo.

Utiliza el proceso de escritura automática, capítulo 28, para recibir conscientemente los próximos pasos de acción a tomar para manifestar tu deseo. Después de completar el proceso, responde a las siguientes preguntas:

1. ¿Cuáles son tus próximos pasos para manifestar tus deseos? Haz una lista exhaustiva de todo lo que surja.
2. Emplea estos pasos de acción para crear un plan de acción equilibrado para las próximas dos semanas, esto con la idea de mantener el impulso. Utiliza la guía de los capítulos 27, 29 y 30 para idear actividades de energía femenina y masculina que puedan ayudarte a acercarte a la realización de tus deseos.
3. Programa estas actividades y pasos de acción en el planificador que hayas elegido y asegúrate de cumplirlos.

REPASO DEL DESAFÍO DE MANIFESTACIÓN

Al acabar los diez días en que tomaste medidas diarias y consistentes para manifestar tu deseo, es una buena idea repasar el proceso para que puedas optimizarlo en un futuro cercano.

Si extiendes el desafío para completar el plan de acción equilibrado de dos semanas a partir del día 10, completa esta revisión al final del periodo de dos semanas.

Repasa tu progreso respondiendo en un diario las siguientes preguntas:

1. ¿Pudiste manifestar el deseo elegido? ¿Hasta qué punto lo hiciste?
2. Si no has manifestado a plenitud tu deseo, ¿qué evidencia has recibido de que te estás acercando a lograrlo?
3. ¿A qué obstáculos te enfrentaste al pasar por este reto? ¿Surgieron otros miedos o creencias limitantes?
4. ¿Cómo se puede mejorar y optimizar el proceso en el futuro?

Ya sea que hayas logrado manifestar tu deseo elegido o no, aprovecha la oportunidad para felicitarte por completar este desafío. Estuviste presente, hiciste el trabajo y has obtenido resultados, cualesquiera que hayan sido estos. Lo que importa no es el grado en que hayas manifestado tu deseo, sino que estás tomando medidas para hacerlo. Solo mediante un compromiso constante con el proceso de manifestación lograrás optimizarlo, podrás mejorar y serás capaz de ir dominando poco a poco tus poderes de manifestación.

CONCLUSIÓN

¡Ay, Dios! Llegaste al final del libro. ¡Enhorabuena! Estoy muy orgulloso de ti, y tú también deberías estarlo. En nuestro viaje a través de este libro aprendiste las Siete Leyes de la Manifestación del Universo y un proceso de cinco pasos para ponerlas en acción. Ahora, estás armado con nuevas herramientas cognitivas y energéticas para colaborar con el Universo y poder manifestar tus deseos.

A medida que nuestro viaje juntos en este libro llega a su fin, me gustaría enfatizar las conclusiones más importantes de este trabajo. Esto es lo que más me impactó mientras redescubría la manifestación y, en última instancia, también lo que me ayudó a dominarla.

La manifestación es un proceso colaborativo

Espero que el mensaje más importante que te lleves de este libro sea que la manifestación es un proceso colaborativo. Aunque tu frecuencia vibratoria personal es el principal factor y elemento determinante para manifestar tus deseos, existen otros principios que contribuyen al proceso, como los contratos del alma, los propósitos de tu vida y tu alma, la manifestación colectiva y la acción hacia tus deseos, entre otros. Al mismo tiempo, en lugar de que la Ley de la Atracción o Vibración sea la única ley determinante en la fabricación de deseos, ésta siempre funciona de acuerdo con las otras muchas leyes del Universo.

Amedida que integres este conocimiento, por fin te liberarás y comenzarás a disfrutar, más que frustrarte, con el proceso de manifestación.

Recuerdo una época en la que solía sentirme culpable e incapaz por no manifestarme correctamente. Me quedaba atascado pensando que no estaba haciendo algo bien y me comparaba con los "gurús de la manifestación" que afirmaban tener todas las respuestas. Lo que liberó mi frustración no fue optimizar lo que ya sabía, sino empoderarme con conocimientos que no tenía. Espero que aprender sobre las Siete Leyes del Universo también haya tenido el mismo impacto en ti.

El Universo se mostrará para ti si tú te presentas ante ti mismo

"La posesión del conocimiento, si no va acompañada por una manifestación y expresión en la acción, es lo mismo que acumular metales preciosos: una cosa vana e inútil. El conocimiento, al igual que la riqueza, deben emplearse. La Ley del Uso es universal, y el que la viola sufre por haberse puesto en conflicto con las fuerzas naturales".
—El Kybalión

Esta es una de mis citas favoritas de *El Kybalión* y algo que he creído y practicado durante años. Al observar la comunidad espiritual en general, el enfoque principal radica en experimentar, más que en hacer. Estamos condicionados a creer que experimentar una meditación y pasar por una sesión de sanación equivale a hacer el trabajo y, cuando el cambio que esperamos no sucede, pensamos que es porque no hemos hecho algo bien o no hemos hecho lo suficiente, por lo que hacemos más trabajo energético. A esto lo llamo "entretenimiento espiritual".

En cambio, creo en la espiritualidad práctica. No me malinterpretes, me encanta la meditación y los viajes de sanación energética. Son, de hecho, el pilar principal de mi trabajo. Sin embargo, también me dedico a hacer el trabajo real, físico y palpable que viene después del trabajo energético. El trabajo con la energía y el trabajo espiritual son solo el comienzo del proceso de sanación espiritual o de la manifestación, no el final. Y si no tomamos medidas reales para actualizar lo que experimentamos energéticamente, terminaremos donde empezamos.

Cuando se trata de la manifestación en específico, tus deseos y propósitos no se manifestarán contigo si permaneces sentado en un cojín de meditación todo el día. Tan pronto como hayas terminado con tu práctica de manifestación, es vital que te levantes de la almohada de meditación y tomes medidas consistentes destinadas a dar vida a tus deseos. Si no lo haces así, no serás un componente cooperativo en el proceso de manifestación. Todos los demás factores de manifestación pueden estar funcionando para ti, pero tu inactividad puede bloquear la manifestación de las cosas.

Las emociones negativas no son negativas

La mayoría de los libros de manifestación vilipendian las emociones negativas y, por otro lado, fomentan la negación y la positividad tóxica. En lugar de resolver y expresar nuestros pensamientos, creencias y emociones negativas, se nos guía a reprimirlos, se nos invita a mirar hacia otro lado o se nos sugiere tratar de pensar en positivo. En la realidad, ninguna de estas prácticas funciona.

Al reprimirlos, mirar hacia otro lado o distraerte con algo positivo, solo fortaleces tus emociones, pensamientos y creencias negativas. Sí, es posible que logres sentirte mejor a corto plazo, pero a menos que en verdad expreses y resuelvas la causa raíz de tus estados negativos, ignorarlos solo los hará más fuertes y ruidosos, hasta que finalmente estallen y causen estragos en tu vida. Mientras tanto, la presencia energética, en tu campo de energía, de tus emociones, pensamientos y creencias negativas, mantendrá tu vibración baja, saboteando tu práctica de manifestación.

Por esta razón, creo que **hacer el trabajo interno** debe ser parte de todo proceso de manifestación. En lugar de bajar tu vibración, si lo haces bien, sentir y procesar tus estados negativos los desechará o transmutará; solo entonces serás capaz en verdad de sentirte mejor y elevar tu vibración.

Cómo seguir adelante

Hay algunas opciones para seguir avanzando a partir de aquí. Si has elegido leer el libro antes de aplicar los procesos, es hora de sacar tu diario, elegir tu lugar de meditación y empezar. Descarga la hoja de trucos de *Secretos ancestrales de manifestación* para hacer un seguimiento de tu progreso; puedes encontrarla en **GeorgeLizos.com/AMS**.

Si hiciste los procesos y meditaciones mientras leías el libro, este es tu próximo plan de acción:

1. **Repasa las Siete Leyes del Universo:** Aunque es posible que hayas tenido contacto con algunas de estas leyes previamente, como la Ley de la Vibración y la Ley de Polaridad, puede que no las conocieses todas. Puede que hayas sido condicionado a pensar en la Ley de Vibración/Atracción como el santo grial de la manifestación. Por ello, cuanto más te familiarices con estas siete leyes, más fácil te resultará ponerlas en práctica y considerarlas al momento de llevar a cabo tu práctica de manifestación.

2. **Sigue haciendo el trabajo interno:** Hacer el trabajo interno, consistente en liberar pensamientos, emociones y creencias limitadas, no es una práctica única, es algo que harás el resto de tu vida. Las creencias limitantes tienen múltiples capas, por lo que pueden tardar meses, sino años, en liberarse por completo. A medida que avances en tu viaje de manifestación, es importante que estés al tanto de sus desencadenantes y que los uses para acceder a las capas de tus creencias limitantes, a medida que surjan, y que las liberes.

3. **Ten una práctica diaria de manifestación:** Recuerda que el Universo se mostrará para ti si **tú** te presentas ante ti mismo. Para manifestar conscientemente tus deseos, necesitas tomar medidas constantes. Claro, puedes rendirte por completo y dejar que las cosas se desarrollen como quieran, pero no es por eso que elegiste este libro. Eres alguien que quiere tener un papel activo en el proceso de manifestación, así que asegúrate de hacerlo. La forma más fácil de ceñirse a tu práctica de manifestación es combinarla con tu práctica diaria de felicidad.

CONCLUSIÓN

Por último, pero no menos importante, adopta un enfoque lúdico para hacer este trabajo. La vida se hizo para disfrutarla, así que no te vuelvas demasiado controlador con tu práctica de manifestación. Vivir en un estado alegre y de alta vibración es el factor más importante para la manifestación así que, si te das cuenta de que te sientes menos que alegre en tu práctica, haz una pausa y cambia. Repasa tu práctica, para que la sientas ligera y agradable, y sigue haciéndolo así en el futuro.

AGRADECIMIENTOS

A los dioses Apolo y Hermes y a la diosa Atenea, gracias por inspirarme y escribir este libro a través de mí. Es un honor seguir su guía y vivir su camino.

A Emma Mumford, gracias por creer en mí y escribir el prólogo más mágico y sincero para presentar este libro al mundo.

Gracias, Gala Darling, Jy Prikulshnik, Amy Leigh Mercree, Sherianna Boyle, Tammy Mastroberte, Elyse Welles, Kelsey Aida, Suzy Ashworth y Ali Levine, por su generoso respaldo y apoyo.

Le agradezco a todo el equipo de Findhorn Press e Inner Traditions por confiar en mí y en este libro.

Gracias a Lena y Panos, de Nefeles Guesthouse, en Delfos, Grecia, por darme la bienvenida a su casa y crear un santuario mágico para que yo escribiera este libro.

A mis amigas Emma, Hannah, Amy y Tammy, gracias por su apoyo irrestricto e incondicional mientras manifestaba este libro.

Y gracias a ti, lector, por acompañarme en este viaje para aprender a manifestar tu vida y propósito.

SOBRE EL AUTOR

George Lizos es un maestro espiritual, sanador psíquico, sacerdote pagano griego y creador de la *Intuition Mastery School*®. Es autor de *bestsellers* número uno en ventas como *Be The Guru*, *Lightworkers Gotta Work* y *Protege tu luz*, además de presentador de los podcasts *The Lit Up Lightworker* y *Can't Host*. Su misión es ayudar a los trabajadores de la luz a superar miedos y creencias limitantes que les impiden encontrar y seguir su propósito de vida: hallar la felicidad, ayudar a otros a sanar y elevar la vibración del mundo.

George ha sido reconocido como uno de los cincuenta principales *influencers* en salud y bienestar, y su trabajo ha aparecido en *Goop*, *MindBodyGreen*, *POPSUGAR*, *Soul & Spirit*, *Spirit & Destiny*, *Kindred Spirit* y *Mind Body Spirit* de Watkins. Tiene una licenciatura y una maestría en ciencias metafísicas, una licenciatura en geografía humana con enfoque en geografías sagradas, una maestría en psicología, una maestría en administración de empresas y un diploma en actuación.

Participó en el primer entrenamiento oficial del sacerdocio en politeísmo helénico, organizado por el Consejo Superior Nacional de los Helenos (YSEE, su acrónimo en griego) en Atenas, tras el reconocimiento legal de la religión por parte del gobierno griego en 2017. Desde entonces, ha sido sacerdote practicante en el primer templo moderno de Zeus del mundo, en Chipre. George ha enseñado sobre la espiritualidad y la manifestación griega en sus libros, talleres y cursos en línea durante más de quince años.

TRABAJA CONMIGO

OBTÉN HERRAMIENTAS SEMANALES

Descarga mi guía GRATUITA *Discover Your Life Purpose* para encontrar y definir tu propósito de vida con una definición específica en dos párrafos. También recibirás mi boletín semanal, con más herramientas y orientación. Consíguelo en **georgelizos.com/lifepurpose**.

TRABAJA CONMIGO

Si te ha gustado este libro y quieres profundizar en el tema, echa un vistazo a mis cursos en línea, meditaciones y sesiones privadas en **georgelizos.com/work-with-me**.

OBTÉN AYUDA

Conoce a trabajadores de la luz con ideas afines, aprende nuevas prácticas espirituales y asiste a talleres exclusivos dentro de mi grupo privado de Facebook: *Your Spiritual Toolkit*.

SIÉNTETE INSPIRADO

Mi podcast *Lit Up Lightworker* presenta entrevistas con los principales maestros espirituales sobre diversos temas espirituales. Además mi podcast *Can't Host* brinda orientación y educación sobre el sexo y las relaciones para hombres homosexuales, *queer* y bisexuales. Escúchalos en Apple Podcasts, Spotify y las principales plataformas de podcasts.

MANTENTE EN CONTACTO

Cuéntame todo sobre tu experiencia con la manifestación de tus deseos en **Instagram (@georgelizos)**.

Inner Traditions en Español
Rochester, Vermont

Escanea el código QR y ahorra un 25 % en InnerTraditions.com. Explora más de 2.000 títulos en español e inglés sobre espiritualidad, ocultismo, misterios antiguos, nuevas ciencias, salud holística y medicina natural.